La tua vita nell'aldiquà
è la tua vita nell'aldilà

La Parola Eterna,
l'Unico Dio, lo Spirito Libero,
parla per mezzo di Gabriele,
come tramite tutti i profeti di Dio –
Abramo, Giobbe, Mosè, Elia, Isaia,
Gesù di Nazareth,
il Cristo-Dio

La tua
vita nell'aldiquà
è la tua
vita nell'aldilà

Gabriele

Edizioni Gabriele
La Parola

Indice

L o scopo del libro "La tua vita nell'aldiquà è la tua vita nell'aldilà" è quello di spiegare sinteticamente che l'essere umano non è in grado di cogliere la verità con parole e concetti. Dato che noi uomini comunque possiamo intenderci solo a parole, desidero redigere questo scritto nel modo più semplice possibile. Il lettore potrà così immedesimarsi più facilmente nelle parole e nei concetti che, in ogni caso, non sono in grado di esprimere quella realtà che si cela dietro ai veli della comprensione umana; infatti, neanche con la mente possiamo afferrare quello che per noi è impenetrabile. Poiché la nostra anima conosce questa realtà, la verità, dobbiamo farla vibrare dentro di noi.

Il nostro corpo fisico è un prodotto della Terra; per questo anche la nostra mente umana può entrare in comunicazione soltanto con i livelli di vibrazione della Terra. La nostra anima, invece, è un essere cosmico e può recarsi – in base al suo livello di coscienza – nei regni dell'aldilà a noi celati. Questo avviene quando il corpo terreno dorme.

Affinché possiamo comprenderlo, quello che giunge dall'aldilà fino al nostro livello deve passare attraverso il filtro delle nostre tre dimensioni – che rappresentano la nostra sfera di comprensione – e quindi venire decifrato. In questo veniamo aiutati soprattutto dalla verità che ci è stata rivelata, che ci spiega la vita nei Cieli eterni e nelle sfere di purificazione dell'anima.

Noi esseri umani dobbiamo, quindi, accontentarci di parole e concetti. Il contenuto di questo libro rappresenta una sfaccettatura della verità, che ha lo scopo di spiegarci la vita nell'aldiquà e nell'aldilà, la nascita e la morte, il periodo di vita e di morte. Se facciamo agire più consapevolmente su di noi questa sfaccettatura espressa in parole, potremo presagire che la nostra anima è immortale e che noi siamo sempre gli stessi – sia di qua che di là. Infatti, "come l'albero cade, così rimane al suolo"; l'anima continua a vivere nell'aldilà nello stesso livello di coscienza in cui l'essere umano si trova al momento della sua morte.

Cerco ora di togliere i veli che separano l'aldiquà dall'aldilà, nella misura in cui mi è possibile farlo con parole e concetti.

Gabriele

L'aldiquà e l'aldilà sono concetti che indicano a noi esseri umani l'esistenza di un aldiquà e di un aldilà e che la nostra vita continua nelle sfere di materia sottile, invisibili al nostro occhio umano. A seconda della prospettiva da cui li consideriamo, sia l'aldiquà sia l'aldilà sono sempre "l'aldiquà".

Coloro che credono nella vita dopo la morte affermano che l'anima continua a vivere nei mondi dell'aldilà dopo la morte del corpo. Dopo il decesso fisico, quando si trova nei mondi di materia sottile, l'anima percepisce che quello che per lei era l'aldilà quand'era in veste umana è ora l'aldiquà. I mondi di sostanza grossolana, l'Universo materiale, vengono quindi definiti dall'anima come l'aldilà, dato che si trovano al di là delle sfere in cui sta vivendo.

Dipende dall'ottica con cui si considerano le cose e dalla prospettiva della coscienza. Se, per esempio, facciamo un viaggio da qui a un determinato luogo, da un Paese all'altro, anche in questo caso faremo una differenza tra "qua" e "là". Il Paese in cui ci troviamo è il "qua", mentre l'altro Paese, da cui siamo provenuti, è il "là". Una volta ritornati alla nostra dimora, al paese da cui abbiamo iniziato il nostro viaggio, diremo di nuovo che è "qua" e definiremo il paese che abbiamo visitato come "là".

Riconosciamo perciò che tutto è relativo. Questo vale anche per la nostra vita terrena; anch'essa è relativa. Dipende dalla prospettiva da cui consideriamo la nostra esistenza.

Finché sperimentiamo e vogliamo comprendere i processi della nostra vita terrena – per esempio il nostro modo di pensare e di comportarci, le quattro stagioni, gli astri, i soli e i mondi – soltanto al di fuori di noi, fino a quando non li riconosciamo e non li accettiamo come una parte della nostra vita spirituale, faremo sempre una divisione tra ciò che si trova "qua" e quello che si trova "là". Considereremo la totalità in base allo spazio, perché la riferiamo alle tre dimensioni, su cui si basa la nostra capacità di comprendere, che si accontenta dei concetti di "sopra" e "sotto", "destra" e "sinistra", "dietro" e "davanti". Solo quando ammetteremo che la vita terrena e la materia non possono essere tutto, si risveglierà in noi l'interesse anche per quanto è extrasensoriale, per quello che si trova al di là dei veli della coscienza e può essere recepito solo in base al livello di coscienza dell'anima.

Se comprendiamo che l'Infinito è una totalità e che quello che si trova più in alto compenetra quello che è più in basso, ma che non avviene mai il contrario, ci renderemo conto un po' alla volta che le frequenze più basse – le frequenze della materia – non riusciranno mai a compenetrare le forze ad alta vibrazione dell'Universo e noi esseri umani, quindi, non potremo mai comprendere queste sfere con la mente. Per questo motivo "l'aldiquà" e "l'aldilà" rimangono solo parole e concetti per chi si basa solo sulla propria mente e non accetta che nell'essere umano esista il Divino che conosce ogni cosa, la verità.

Tuttavia, non appena accettiamo il Divino, dobbiamo ammettere che esiste ben più della sola materia e con la nostra capacità di pensare e i nostri sensi grossolani, orientati soltanto sulle tre dimensioni e su ciò che è visibile, non siamo in grado di comprendere a fondo quello che è extrasensoriale. Se ci sforziamo di riflettere sul nostro modo di pensare e di vivere, sulla nascita e sulla morte, possiamo poco per volta sperimentare e sentire che esistono realtà ben più grandi e perfette delle leggi naturali materiali della sostanza grossolana.

Per riuscire a comprendere, almeno in parte, questi processi che avvengono dietro ai veli della coscienza umana – ovvero oltre quanto possiamo cogliere – dobbiamo innanzitutto accettare che la nostra anima è un essere dell'Universo e che Dio è la forza, la Luce, la Legge eterna dell'Universo. Se riconosciamo Dio come forza universale, riconosceremo anche noi stessi come esseri di questa Forza universale, che fanno parte della Legge dell'Universo. Se ci sentiamo a casa nel nostro interiore al punto da riconoscere Dio come nostro Padre, del Quale siamo figli, abbiamo già fatto un passo verso la Legge eterna di Dio, che è Amore.

Se ci rendiamo conto, in modo più cosciente, che siamo esseri dell'Universo, diventeremo anche consapevoli che non potremo mai vivere felici e sani se non realizziamo le Leggi eterne. Solo quando ci comporteremo come figli di Dio, aspirando a valori e ideali più elevati e vivendoli sempre più, i nostri lati umani, che costituiscono il nostro basso ego, scompariranno poco a poco e otterremo una visione più ampia degli aspetti più elevati e più nobili. Soltanto allora ci renderemo conto, un po' alla volta, che il nostro intelletto non sarà mai in grado di comprendere i processi che avvengono nel profondo della nostra anima. Soltanto allora sperimenteremo noi stessi e potremo comprendere che l'"aldiquà" e l'"aldilà" sono solo concetti di un modo di pensare esteriore, immagini che la coscienza umana, la mente, si è creata e proietta nel conscio.

L'essere umano si è allontanato sempre di più da Dio, l'eterna Intelligenza. Per questo motivo, considera tutto solo secondo i suoi modelli di pensiero umani, sotto forma di immagini. In questo modo, ha eretto tra l'Amore di Dio, ovvero la Sua irradiazione, e se stesso una cosiddetta parete, attraverso e oltre la quale non è in grado di guardare. Soltanto quando avremo abbattuto queste pareti, quando avremo strappato i veli della coscienza costituiti dal nostro ego umano, ovvero se non ci baseremo più soltanto sul nostro intelletto, ma approveremo anche le Leggi di Dio, orientandoci sempre più su di esse, faremo nel nostro interiore l'esperienza che Dio è Vita infinita – e che solo la parte più profonda della nostra anima può rispecchiarci la realtà che l'intelletto non è in grado di afferrare.

Quello che è elevato, puro, di sostanza sottile pervade quello che si trova a un livello inferiore, compresa la materia. Ma ciò che si trova a un livello inferiore non può pervadere quello che è più elevato. Quando due aspetti sono in grado di pervadersi e compenetrarsi a vicenda, non creano alcuna ombra e alcuna immagine riflessa e, perciò, nemmeno dei riflessi. L'essere umano non può compenetrare la materia; per questo motivo proietta i suoi pensieri e le sue opere sulla superficie del lago che è la Terra. La Terra e tutto quello su cui dirige i suoi pensieri e le sue opere riflettono quanto egli ha inviato. Così, qualsiasi cosa pensi e faccia, l'essere umano sperimenta come immagini rispecchiate, come riflessi, quello che ha proiettato lui stesso.

L'occhio umano non vede, anche se noi diciamo di "vedere". Esso recepisce soltanto le proiezioni, i riflessi di quello che l'essere umano ha proiettato nel proprio ambiente e, in fondo, solo nella misura in cui ha accolto questi riflessi nel proprio potenziale terreno di percezione, memorizzandoli nelle sue cellule cerebrali.

Il potenziale di percezione è costituito dai programmi dell'essere umano. Di conseguenza, egli è in grado di orientarsi sulla Terra in base a come egli stesso si è programmato. Questa programmazione è anche il suo potenziale, al quale può attingere per i suoi colloqui. Egli comprende soltanto in base a questo potenziale ed è solo basandosi su di esso che può instaurare una comunicazione con persone simili a lui, cioè avere uno scambio. Alcuni di questi programmi sono costituiti dai nostri vocaboli, sono concetti come rosso, nero, bianco, campo, prato, bosco, sole, luna, astri, destra, sinistra, davanti, dietro, sotto, sopra, etc.

Il nostro conscio, il subconscio e le ombre della nostra anima portano in sé anche i programmi delle nostre rispondenze che sono le nostre colpe, ovvero le cause, di cui ci siamo gravati con il nostro comportamento negativo, agendo contro la Legge dell'Universo. Potremmo paragonarle alle nuvole di un temporale che si sono accumulate nella nostra anima e si manifestano anche nell'aura che avvolge il nostro corpo.

Se dall'esterno alcune parole o azioni penetrano nel nostro fronte di nuvole burrascose, il nostro animo si agita e si scarica poi con fulmini diretti contro il nostro prossimo, che li ha attivati con le sue parole o azioni. Sono la nostra irritazione, le nostre discussioni, le nostre difese, accuse o offese! Significa che in noi sono già presenti fulmini e tuoni, che scarichiamo poi su coloro che li hanno messi in moto dentro di noi. In realtà si tratta del nostro temporale, e le saette rappresentano le nostre rispondenze.

La nostra irritazione, le nostre parole e azioni possono provocare nel prossimo un'atmosfera tesa che si carica sempre di più, rafforzando così anche i suoi tuoni e i suoi fulmini, le sue rispondenze, che poi accendono ulteriormente la discussione: entrambi vedono soltanto le proprie nuvole, ovvero la parete o le numerose pareti del proprio ego umano che, a loro volta, costituiscono riflessi di ciò che sono essi stessi; in questo modo non riescono a vedere niente oltre questa parete.

Gli esseri puri, chiamati anche esseri spirituali, sono forme eterne di sostanza sottile. Poiché compenetrano e pervadono ogni cosa, contemplano tutte le forme di vita nel loro interiore e anche le sostanze spirituali della materia nel loro attuale livello di evoluzione spirituale, con il loro livello di coscienza.

Tutto è coscienza. Poiché tutto è contenuto in tutto, tutto può anche essere compreso. Dato che tutto è contenuto in tutto, in ogni anima, in tutte le forme e le forze è contenuta la totalità come essenza.

Se non guardiamo più i riflessi del nostro ego, perché abbiamo pervaso di luce le sue pareti, realizzando passo per passo le Leggi eterne, vediamo più in profondità. Vivremo anche in modo più consapevole e saremo coscienti dell'Intelligenza, di Dio, in ogni cosa. Grazie a questa coscienza universale, possiamo fare l'esperienza di noi stessi come esseri umani e, allo stesso tempo, come esseri provenienti da Dio. Sperimentiamo così gli aspetti ancora umani presenti in noi e, allo stesso tempo, quello che è divino. Riconoscendo questo, riusciamo a mettere da parte il nostro ego, passo per passo.

Nella misura in cui eliminiamo i nostri aspetti più infimi, svilupperemo in noi forza, amore e sapienza. Accoglieremo forze superiori che ci permettono di vedere più in profondità. Chi è in grado di vedere più in profondità inizia a scoprire sempre più la Fonte Originaria della propria anima e ad attingere dal profondo dell'eterno Essere. Percepisce anche dentro di sé che la vita è infinita, perché considera se stesso come essere proveniente da Dio, al Quale si avvicina realizzando le Leggi.

Solo il Sé nel profondo dell'anima ci aiuta a comprendere l'essere umano, che è la superficie della vita, il riflesso dei Cieli, del vero Essere illimitato. Il riflesso è tutto quello che viene rispecchiato, cioè la luce che viene riflessa. È energia presa in prestito e trasformata a un livello inferiore, uno splendore preso in prestito, che non è l'Essere assoluto.

Dobbiamo, quindi, renderci conto che tutto quello che viene riflesso, ovvero la luce che rimbalza, è soltanto un'immagine distorta dell'eterna Patria. Di conseguenza, la materia è solo un riflesso distorto dell'Essere.

Quello che non può essere pervaso dalla luce passerà. Tutte le ombre scompariranno nella luce della realtà, della verità, perché l'Eterno, Dio, è irradiazione universale che compenetra tutto eternamente, Amore universale. L'Essere puro non ha ombre; irradia e pervade tutto e perciò non riflette nulla. Solo il riflesso, l'essere umano, con il suo splendore preso in prestito, con la sua energia presa in prestito, riflette quello che è. Lo stesso vale per tutte le sfere e tutte le forme materiali. Tutto quello che non può essere pervaso, sia la Terra sia tutto l'Universo materiale, è solo energia presa in prestito, splendore preso in prestito, che è un riflesso dell'eterno Essere.

Dio è la Forza universale che pervade e compenetra tutto, anche la materia. La materia, il raddensamento, può vivere soltanto tramite la Forza universale, la Legge eterna che tutto compenetra, Dio. Per questo esiste un'u n i c a vita, che è Dio, e ogni forma di vita proviene da Dio – anche la vita della materia e dell'essere umano. Al di fuori di Dio non esiste alcuna vita. Perciò tutto è in Dio, perché Dio è la Vita che irradia e compenetra tutto.

Anche se noi esseri umani parliamo della nostra vita terrena, della vita del corpo terreno, dovremmo essere comunque consapevoli che la vita di tutte le forme spirituali e materiali, anche quella del corpo terreno, è la Vita, Dio. Dio è quindi la Vita, la Forza universale stessa, che è onnipresente e comprende tutto.

Non esiste alcuna interruzione della vita. Dio, la Vita, si trova nel più piccolo e nel più grande, in quello che è puro, nella sostanza sottile e in quella grossolana, nella materia. La Vita, Dio, non si ferma nemmeno per un attimo. Agisce in tutto, anche negli elementi piccolissimi dell'Universo che noi uomini consideriamo insignificanti.

Quindi, non c'è mai un arresto della vita, nemmeno nell'attimo della nostra morte fisica. La morte del corpo non è altro che un deporre l'involucro. L'involucro, che viene nuovamente reso alla Terra, è solo il riflesso grossolano del nostro modo di pensare e di vivere.

Il corpo fisico, che è un corpo di pensieri, è l'ego visibile. L'anima porta in sé le sue colpe, quello che è contro la Legge, che non è stato sciolto e trasformato sistemando le cose. Anche i peccati che non sono ancora diventati attivi, e che quindi non è stato possibile sistemare, restano nell'anima. Perciò, dopo la morte del corpo, l'anima è quello che era anche l'essere umano: lo splendore della Legge eterna oppure l'ombra del peccato.

Gli occhi umani possono percepire solo la sostanza grossolana, ma non la vita in un altro stato di aggregazione, e l'anima, dopo la morte del corpo, si trova in una condiziona analoga. Sia che la persona si trovi in coma e l'anima abbandoni il corpo senza che l'uomo possa sperimentare la morte o che l'anima si sfili dalla veste umana, dal proprio involucro, dopo un'agonia, o che abbandoni il corpo decedendo in modo sereno, in ogni caso l'anima è come era l'essere umano.

Non importa come avvenga il decesso del corpo – la vita non conosce alcun arresto. Essa prosegue anche se, come esseri umani, guardiamo il corpo inanimato e parliamo della morte: è solo il corpo che muore, perché la vita fuoriesce.

L'anima è la portatrice della vita. La vita si irradia attraverso il corpo terreno; perciò il corpo terreno non è la vita stessa. Esso viene sorretto dalla vita.

Quando la vita si ritira dal corpo, questo decede. L'ultimo respiro dell'essere umano è il primo respiro dell'anima disincarnata. Analogamente avviene quando nasce un bambino. L'ultimo respiro dell'anima nella dimensione di sostanza sottile è il primo respiro nell'involucro di sostanza grossolana, nell'essere umano.

Dato che tutto si svolge secondo ritmi prestabiliti, tutto l'Infinito è ritmico. La vita di ogni forma spirituale e materiale è costituita da innumerevoli colori, forme e suoni, dai loro ritmi di coscienza che corrispondono al loro grado di sviluppo. Ogni aspetto di coscienza ha il suono corrispondente.

Il soffio dell'anima è il respiro dell'essere umano, la Vita, Dio. Il soffio dell'anima è costituito da innumerevoli ritmi spirituali. Il respiro dell'essere umano racchiude in sé il soffio divino, poiché la vita non è la materia, ma la vita è nella materia. L'uomo non può cambiare il soffio divino, ma può determinare il ritmo del proprio respiro in base al suo modo di pensare e di vivere. Già con il nostro respiro agiamo sull'irradiazione della nostra anima e del nostro corpo.

Sappiamo che nessuna energia va perduta. Quindi anche la vita – l'energia divina – non va perduta; la vita non subisce mai alcuna stasi. Se esistesse un'interruzione della vita, anche solo per alcuni attimi durante la giornata, nell'Universo si formerebbero giganteschi blocchi energetici; di conseguenza potrebbe eventualmente cristallizzarsi nuova materia, che è la vibrazione più grossolana.

L'eterno Essere è separato da una muraglia di Luce dalle sfere in cui si intrattengono le anime, cioè le sfere di purificazione e il cosmo materiale. Si tratta nel contempo della muraglia della Legge che circonda le sfere in cui agisce eternamente la Legge Assoluta. Nessun raggio impuro e, quindi, nemmeno alcuna anima possono attraversare questa muraglia di Luce. Gli esseri umani e le anime incolpati si sono creati la propria legge, la legge che ci rimanda le nostre colpe, la legge di semina e raccolta. Essa dice: quello che semini, lo raccoglierai. Ricordiamoci: quello che tu semini, lo raccoglierai tu, non io.

Cosa accadrebbe nell'Infinito se, al momento del decesso del corpo, la vita si fermasse solo per un attimo e questo avvenisse migliaia di volte in una giornata – dal momento che in un giorno muoiono migliaia e migliaia di persone?

Ripeto e approfondisco: a causa di questi blocchi, nella vita fluente si formerebbero punti di concentrazione di energia, che poi agirebbero sulla totalità, per esempio sull'equilibrio delle forze e sulla legge di gravitazione. Con il tempo, tutto si raddenserebbe e in seguito crollerebbe in se stesso; di conseguenza, tutto l'Infinito si dissolverebbe poco a poco.

La vita, anche la nostra vita, fluisce e scorre senza alcuna interruzione. La morte è solo un ponte, una porta che conduce dall'esistenza terrena dell'essere umano all'esistenza dell'anima in altri mondi.

Il modo di pensare di molti nostri simili è determinato da strutture materiali. Molte persone sono del parere che tutto possa essere riferito e applicato soltanto alla materia. Per loro, la materia è la realtà, perché accettano solo quello che possono vedere, ascoltare, odorare, gustare, toccare e studiare con strumenti scientifici.

Abbiamo già preso in considerazione il fatto che i nostri occhi non sono in grado di vedere?

Anche se siamo dotati del nostro organo visivo, i nostri occhi colgono solo i riflessi del nostro ambiente, solo l'immagine e lo splendore riflesso, l'energia che ci è stata data in prestito, ma mai la realtà, lo splendore che non proviene dalla Terra ma dal Cielo, si irradia verso la Terra e ne viene riflesso. Chi si accontenta dei riflessi della luce è quasi privo di luce dell'anima, dato che si è sintonizzato unicamente sui riflessi e non sulla realtà.

Finché l'essere umano si sente bene pensa raramente all'aldilà. L'immagine che ha del mondo materiale è intatta fino a quando gli strumenti con cui percepisce e sente, i suoi sensi che cercano l'appagamento dei desideri e il benessere materiale, lo soddisfano. Se questa sua immagine del mondo viene scossa, per esempio con disgrazie, malattie o sofferenze e i suoi sensi non possono quindi essere più soddisfatti, qualcuno comincia a riflettere.

Inizialmente, una persona che non vive in modo consapevole dà la colpa di tutto quello che le capita ai suoi simili. Si crea un colpevole, con cui si confronta nei suoi pensieri e combatte con molte accuse. Alla prima occasione, fa sentire anche ai membri della sua famiglia come siano stati sleali e insensibili nei suoi confronti, tanto che ha dovuto arrabbiarsi sul lavoro, col partner e in famiglia, per causa loro. Accusa il vicino dandogli del cocciuto, perché ha dovuto litigare con lui per via di alcuni metri quadrati di terreno, rinfacciando ai suoi familiari di aver dovuto affrontare questi problemi senza il loro aiuto. Vede tutto e tutti solo contro di sé.

Poco alla volta, cade da uno stato di depressione all'altro. Poiché non riesce a ottenere conferma e riconoscimento nemmeno nella depressione, cade nello stadio successivo, quello dell'aggressività, e poi nell'autocommiserazione e nel compiangersi. Niente può aiutarla! Nessuno la comprende. Non riesce più a trovare una via d'uscita dalla sua vita segnata dalle disgrazie.

Eventuali malattie o sofferenze peggiorano. La persona si rivolge a un medico che le prescriva dei medicinali, tuttavia nemmeno questi le sono di aiuto. Sentendosi del tutto incompresa, si rivolge a uno psicoterapeuta per scoprire la causa della sua situazione. Questi le dice che forse è colpa del suo ambiente, dei colleghi e delle colleghe di lavoro, del vicino che le hanno logorato i nervi, dei membri della famiglia che hanno interessi diversi e non l'hanno sostenuta e non la sostengono. Infine il motivo si troverebbe nell'infanzia, nei genitori che non l'hanno compresa e amata abbastanza.

Finalmente ha trovato i malfattori che sono colpevoli delle sue condizioni. I pensieri di questa persona "segnata dalla sofferenza" cominciano ora a circolare intorno al passato. L'autocommiserazione aumenta sempre di più manifestandosi in diverse forme di depressione, aggressività, accuse, malattie e dolori. Ma il male peggiore è, come pensa, che coloro che sono colpevoli delle sue disgrazie non si occupino minimamente di lei e, cosa che la fa indignare, non si sentano nemmeno colpevoli. Perciò si lascia andare sempre più alla sua autocommiserazione e si vede già destinata a una lunga sofferenza.

Improvvisamente l'energia della giornata le presenta una situazione. Viene a farle visita un conoscente, su cui questa persona riversa tutte le sue lamentele, raccontandogli come si senta male perché tutta la parentela, compresa la famiglia, non la comprende, che i genitori hanno la colpa maggiore, perché le hanno manifestato poca comprensione, tolleranza e amore.

In tutte queste "nuvole" del sentirsi incompresa che la circondano, e in questa pressione procuratale dall'autocommiserazione, risuonano le parole del conoscente: "Basta! La colpa non è della tua famiglia, dei tuoi parenti, dei tuoi colleghi e delle tue colleghe, non è del vicino e dei genitori, ma sei tu il maggior colpevole". A questo lampo, segue il tuono dell'ammonimento tratto dal vangelo: "Togli la trave dal tuo occhio, prima di aiutare il tuo prossimo a togliere la pagliuzza dal suo".

"Sciocchezze", dice la persona, "dovrei forse confrontarmi con l'insegnamento di Gesù di Nazareth ed eventualmente con una potenza ancora superiore? Secondo quanto dici sarei io il colpevole e non chi mi circonda".

"Proprio così", dice il conoscente, "perché se ti arrabbi con il tuo prossimo, lo insulti e lo accusi di essere responsabile delle tue condizioni, significa che sei tu ad avere la colpa maggiore; può darsi che l'altro porti una parte di colpa o che invece sia solo un aiuto perché tu possa riconoscere te stesso. Egli ha solo messo in movimento quello che si trovava e si trova ancora in te e in questo dovresti riconoscerti. La tua irritazione vuole dirti che sei stato colpito. Quello che scarichi sugli altri sono le tue stesse cause che sono state stimolate dentro di te e per questo ti sei irritato; ora guarda prima la trave nel tuo occhio. Senti come ti dà fastidio, come opprime il tuo animo, portando alla luce quello che in fondo sei tu stesso: il tuo modo di comportarti errato".

"Come fai a sapere queste cose?", chiede indignata la persona.

"È una Legge", risponde l'ospite, "che ci è stata rivelata così da Dio".

L'altra persona si agita sempre di più. "Secondo quello che dici dovrei addirittura riflettere su Dio – ma io sono realista!".

Il conoscente dice: "È proprio tipico dei realisti pensare in modo tutt'altro che realistico, perché tengono conto solo delle cose visibili, della materia, e non di quanto agisce nella materia e al di là di essa, ovvero lo Spirito, Dio, la Vita. Infatti la materia è solo la superficie della Vita.

Può essere paragonata a un lago in cui si rispecchia quello che si trova sulle rive. Tu vedi, quindi, solo il riflesso e non la profondità del lago, nel profondo della materia e al di là di essa.

La profondità del lago è Dio, la Vita. Se tu riflettessi su queste cose, forse potresti comprendere meglio la tua sorte, la tua malattia e forse addirittura accettarle; infatti nella sofferenza la tua anima potrebbe maturare e potresti riconoscere te stesso come un essere che non è fatto solo di carne e ossa, di atomi che tengono insieme tutta la struttura esteriore".

La persona si sente toccata, ma non vuole ammetterlo. Perciò si nasconde dietro un'osservazione del tutto superficiale come: "Che sciocchezze. Non può essere vero". Tuttavia il pensiero non l'abbandona. Si ferma in un silenzio eloquente. "O forse sì ...? ".

I pensieri si susseguono nella sua mente: "Potrebbe darsi che esista davvero qualcosa di più della sola materia? È possibile che esista qualcosa come causa ed effetto? Potrebbe darsi che esistano Leggi superiori che io non conosco? Potrebbe veramente darsi che io non sia fatto solo di carne e ossa e sangue, cioè di acqua e terra? È possibile che alcune cose, che da bambino ho letto nel catechismo, siano vere? Potrebbe esserci qualcosa di vero in tutto questo? È possibile che esista un Dio, che esista una Forza superiore amorevole e benevola nei miei confronti?".

Così si fa sempre più varco il presentimento che il conoscente possa avere ragione. E se avesse ragione, allora non esisterebbe solo la dimensione visibile, ma anche un'Intelligenza invisibile.

Nel suo cervello si susseguono molti pensieri, cose che un tempo aveva sentito o letto, come per esempio l'esistenza di diversi tipi di energia e di radiazioni, che noi uomini conosciamo solo in parte. Ci sono molte energie che non abbiamo scoperto e non siamo ancora in grado di studiare con i nostri strumenti, ma che pervadono tutto l'Universo. In questo modo, trova da sola la parola chiave: l'Universo.

Chi o cos'è l'Universo? Questo interrogativo non le lascia pace. Domande su domande! È giunto il momento di riflettere. Esiste una vita dopo questa vita? Se è così, allora la morte potrebbe essere solo il ponte verso una vita invisibile. Una sensazione mista di paura e speranza la spinge a continuare a chiedere. Questo testo, "La tua vita nell'aldiquà è la tua vita nell'aldilà", potrà dare una risposta a molte di queste domande.

La via della ricerca e della scoperta
del senso della vita –
si allarga l'orizzonte spirituale

Da questo miscuglio di paura e speranza – con la domanda "perché?" – alcuni cominciano a cercare quelle leggi che determinano il nostro destino; soprattutto se non riescono più a capire la loro sorte, il loro destino, la loro malattia o la loro sofferenza. In una situazione di questo genere, anche un conoscente può dare un impulso che porta una persona a riflettere.

Riflettendo, essa si chiede o chiede ai suoi simili: "Da dove provengono le disgrazie, le sofferenze e le malattie? Quando devo sopportare sofferenze o malattie? Non sono consapevole di aver contribuito a queste cose nella mia vita, di averle causate". Molte persone si chiedono: "Perché ora devo sopportare questa determinata malattia? Altri, che invece hanno ingannato e sfruttato i loro simili, stanno bene".

Alcuni che si pongono questa domanda inizialmente cercano spiegazioni scientifiche, che possano dar loro una risposta a questi interrogativi.

Cosa dice la scienza in merito alla materia? Forse ha studiato fenomeni extraterrestri che possano eventualmente influenzare la vita nei mondi dell'aldilà? Chi si pone queste domande dovrà ben presto rendersi conto che, anche se la scienza ha scoperto molte cose per il bene dell'umanità, insegna anche molti concetti errati, poiché molti aspetti esposti come verità e, quindi, come dato di fatto, nelle generazioni precedenti, spesso sono stati smentiti nelle generazioni successive e anche in questa generazione. La persona, con tutti suoi interrogativi, deve perciò riconoscere che non può affidarsi nemmeno alla scienza, perché anch'essa è soggetta a errori e imprecisioni.

Chi è alla ricerca, quindi, si rivolgerà eventualmente all'insegnamento della sua fede, per trovarvi il senso della vita, dato che gli sconvolgimenti che ha dovuto e deve sopportare nella sua vita lo inducono a chiedersi quale sia il significato della sua esistenza. Anche nella dottrina della sua fede dovrà ben presto constatare che, anche se riceve aiuto per fare alcuni passi, tutto quello che sente da un punto di vista religioso si basa unicamente sulla fede. Questo significa che non si sa niente di preciso.

Chi ha cominciato a cercare seriamente il senso della vita non troverà più pace e continuerà a cercare, finché non giungerà a riconoscere che le forze e le Leggi dell'Universo non possono corrispondere esattamente alle forze materiali e alle leggi create dagli uomini. Anche se riconosce che la scienza ha fatto alcune scoperte basilari, deve ammettere che queste si riferiscono soltanto alla materia. Per motivi inspiegabili, senza che egli possa rendersi conto da dove provenga, affiora in lui il presentimento che alla base di tutto ci siano forze superiori e Leggi assolute, che la scienza non è ancora riuscita a scoprire nella loro profondità.

Chi è seriamente alla ricerca, chi si confronta con la realtà che è Dio, e legge, di tanto in tanto, i Comandamenti e le Leggi che Gesù di Nazareth ha vissuto come esempio per l'umanità, e ne mette in pratica alcuni aspetti, anche se ancora con esitazione e di nascosto dai suoi simili, giunge a un ampliamento della sua coscienza. Improvvisamente gli si aprono gli occhi e, senza sapere perché, sente con certezza che devono esistere Leggi superiori che muovono e mantengono in vita ogni cosa. Tramite questo ampliamento della coscienza, la persona alla ricerca giunge ad avere una capacità di percezione più fine e sottile. Sa, ora, che esistono Leggi universali ancora sconosciute che non può dimostrare, ma verso le quali ora si è aperta.

Coloro che fanno le prime esperienze con le Leggi che non si possono dimostrare, ma che per loro sono reali, possono cadere inizialmente in un fanatismo religioso, credendo di dover cambiare il mondo dall'oggi al domani; pensano che quello che hanno riconosciuto in quel momento sia tutta la verità. La persona, che soltanto da poco tempo ha raggiunto la consapevolezza dell'esistenza delle Leggi eterne, si fissa sul proprio punto di vista e crede di dover difendere quello che ha riconosciuto, la propria verità.

Chi mantiene e coltiva questo fanatismo, cercando di convincere gli altri della sua fede, farà ben presto l'esperienza che quello in cui crede non può essere dimostrato. Se non frena il proprio fanatismo, potranno derivarne liti e inimicizia.

Chi non realizza quanto ha riconosciuto, la sfaccettatura della verità eterna, ma si limita a parlarne e vuole persino imporlo con le sue idee, può addirittura contribuire a creare scissioni di

fede, se trova persone simili a lui, cioè persone
che si sono rivolte a una dottrina di fede esteriore e non vivono il cristianesimo interiore, la
Legge dell'Universo, che è basata unicamente
sullo Spirito di Dio in Cristo, che vive nell'uomo stesso.

Chi, invece, continua nella propria ricerca ed
esamina soprattutto se stesso, i suoi lati negativi
e positivi, e si stacca dai suoi errori, realizzando
i Comandamenti, smette di essere fanatico perché riconosce che esistono Leggi superiori che
operano in ogni cosa – anche in lui – e alle quali, pur presagendone l'esistenza, non ha ancora
accesso.

Mentre ricerca Leggi superiori – e in questo
processo chi è alla ricerca della verità si chiede
ripetutamente: "Da dove vengo e dove vado?" –
si trova improvvisamente davanti a due concetti, che sono però parole che non gli dicono nulla. Sono le parole "aldiquà" e "aldilà". Egli sente un vuoto tra questi due concetti e si chiede:
"Da cosa è costituito questo vuoto, che si trova tra questi concetti di aldiquà e aldilà e che,

per quanto incomprensibile, è altrettanto decisivo?" È la morte, di cui si sa soltanto che restituisce il corpo terreno alla Terra, della quale è costituito.

Quindi si chiede: "Chi o cos'è la morte, se non esiste un'interruzione della vita?"

Chi è alla ricerca si trova quindi davanti a tre prospettive: l'aldiquà, la morte – ovvero il decesso – e l'aldilà.

L'aldiquà è un concetto chiaro per lui, perché il luogo in cui si trova, quello che vede e sente, quello che conosce e apprende, per lui sono l'aldiquà. Tuttavia, egli già presagisce di essere in grado di sperimentare e comprendere anche l'aldiquà solo nella misura in cui il suo intelletto riesce ad afferrarlo o nella misura in cui ha fatto esperienze o ha acquisito conoscenze proprie. Già il fatto di guardare un atlante del mondo lo mette in difficoltà, dato che sulla carta geografica vede cose che non riesce ad afferrare totalmente, perché il suo cervello non ha memorizzato nemmeno l'intera dimensione dell'aldiquà. Anche se può dire: "Lì ci sono gli Stati Uniti", oppure: "Quella è l'Inghilterra", non conosce molto in merito al modo di pensare e di vivere delle singole persone e di quanto avviene in quei due Paesi, che tuttavia vengono chiamati aldiquà. Si tratta, quindi, veramente dell'aldiquà che egli credeva di conoscere così bene?

La sua coscienza si dischiude sempre di più e pensa: "In fondo sono solo concetti, affermazioni che non hanno alcun significato". Comincia anche a riflettere sull'aldiquà, che finora gli sembrava tanto vicino. In lui affiorano domande su domande, che trovano risposta in quello che riconosce. Per esempio, riconosce che il processo della morte – il decesso – può essere presagito e compreso studiando a fondo se stessi e che l'aldilà può essere compreso solo attraverso la vita nell'aldiquà.

Potremmo rivolgerci sempre alla scienza per trovare una risposta alle nostre domande. Tuttavia, chi guarda più in profondità diventa sempre più scettico nei confronti delle conoscenze scientifiche, poiché se il sapere riguarda solo la materia, non è possibile comprendere a fondo le forze invisibili che agiscono oltre e dentro la materia. Basta pensare a Galilei. Egli riconobbe che gli astri ruotano intorno al Sole. Quello che comprese gli causò molta sofferenza e ostilità, perché la cosiddetta scienza, e anche l'istituzione ecclesiastica, erano dell'idea che fosse il Sole a girare intorno alla Terra.

Fino a quando l'essere umano si occupa solo di se stesso – questo vale anche per gli scienziati e per le autorità del mondo – e riesce a vedere soltanto fin dove arriva il suo orizzonte, crede che tutto debba muoversi intorno al sole delle conoscenze e delle conquiste umane. Se il suo orizzonte non va oltre a quanto il lume della mente sembra comprendere, che è soltanto la superficie della materia, sorgono idee errate; colui che ha un modo di pensare limitato le considera come verità. Per lui, anche la Terra è soltanto una "superficie piatta". Quello che agisce al di là della sostanza raddensata, della materia, è solo una supposizione che gli pone molte domande, davanti alle quali l'intelletto deve arrendersi; infatti chi ha un modo di pensare limitato non si occupa volentieri di cose che non possono essere dimostrate. Chi si accontenta di prove che ognuno può trovare solo in se stesso, ma che nessun altro gli può confermare?

Se vogliamo dimostrare a noi stessi la realtà dell'aldilà, dobbiamo cercarla sulla via che passa attraverso l'esperienza di noi stessi e l'autoconoscenza. Chi giunge a conoscenze più profonde, chi vede al di là dello spazio, del tempo e della materia, riconosce l'aldilà come una realtà. Per colui che dentro di sé ha sperimentato la dimensione della sostanza raddensata e della sostanza fine non esiste una grande differenza tra l'aldiquà e l'aldilà. Egli infatti ha sperimentato in se stesso che quanto si trova nella materia e oltre ad essa si trova unicamente nell'uomo stesso.

Noi esseri umani definiamo semplicemente aldilà qualsiasi forma di sostanza sottile, di qualsiasi grado. Molte persone non si prendono il tempo per studiare i diversi livelli della materia raddensata e delle forme di sostanza sottile. Perciò, per molti, la vita si riferisce all'aldiquà e la materia è l'unica realtà, finché non vengono spinti da determinati eventi o disgrazie a chiedersi se esistano Leggi superiori.

L'essere umano si crea la propria legge personale dell'ego attraverso le sue sensazioni, i suoi sentimenti, i suoi pensieri, le sue parole e azioni negativi

La base della vita umana è costituita dai sentimenti, dai pensieri, dal volere e dalle azioni dell'essere umano; quindi, chi si sforza di trovare il senso della propria vita diventa un ricercatore che esamina se stesso e quello che si trova in lui.

Per giungere a riconoscere Leggi superiori, ogni persona deve innanzitutto esaminare a fondo se stessa, ovvero iniziare da se stessa. Deve prima di tutto esaminare questa base – il mondo dei suoi sentimenti, delle sue sensazioni e dei suoi pensieri, che la caratterizzano come essere umano. Anche il suo modo di parlare e di agire esprime chi è. Infatti, tutto quello che l'uomo percepisce, sente, pensa, dice e compie è egli stesso – è quello che irradia; allo stesso tempo è quello che richiama con la sua irradiazione e che quindi attira, dato che i nostri sentimenti, le nostre sensazioni, i nostri pensieri, le nostre parole e azioni fungono da emittenti e riceventi.

Il nostro conscio e subconscio e quello che la nostra anima, l'essere spirituale in noi, ha memorizzato sono determinanti per noi, poiché tutto quello che irradiamo ritorna di nuovo a noi; infatti in ciò che emaniamo è già racchiusa la ricevente, ovvero il magnete, che attira quanto abbiamo inviato.

Tutto l'Infinito è Legge. Le forze infinite dell'Universo sono aspetti della Legge. Ogni sensazione, pensiero, parola e ogni azione sono energia e un aspetto della Legge. Sensazioni, pensieri, parole e azioni elevati, nobili, puri e quindi altruistici sono aspetti della Legge di Dio. Le sensazioni, i pensieri, le parole e le azioni di basso livello, di avidità, invidia, separazione, distruzione, divisione, come pure le passioni, le cupidigie, le aspirazioni e i desideri sono aspetti della legge della caduta, della legge di semina e raccolta.

Poiché Dio è forza onnipresente, la Legge eterna, Dio, è racchiusa anche in tutti gli aspetti della legge della caduta. La Legge divina è contenuta nella legge della caduta e la mantiene, perché la Legge divina è l'energia di sostegno negli aspetti della legge della caduta, finché l'essere umano non fa il passo decisivo, esaminando la sua vita terrena costituita dai suoi sentimenti, sensazioni, pensieri, dalle sue parole e opere, si esercita nell'autoconoscenza e si orienta verso le Leggi superiori. In questo modo, i suoi aspetti più bassi si trasformano in aspetti più elevati, poiché egli attiva la forza che lo sostiene, Dio, e grazie ad essa esce dalla legge della caduta, dalla legge di semina e raccolta.

Anche nella legge della caduta agisce la giustizia; la legge della caduta viene chiamata anche legge di compensazione, in base al principio secondo cui il simile attira il simile e agisce su ciò che è analogo.

Sappiamo che nessuna energia va perduta. Di conseguenza, anche il mondo dei nostri sentimenti, sensazioni e pensieri, e anche le nostre parole e azioni sono energia che non va persa.

Ripeto, con altre parole, quanto già esposto: quello che noi emaniamo ritorna a noi. Ciò che l'uomo trasmette ricade su di lui e dà forma al suo aspetto esteriore. Ogni essere umano, quindi, è allo stesso tempo una stazione emittente e ricevente per tutte le forze terrene ed extraterrene. Egli riceve dalla fonte verso cui trasmette.

Le energie che emaniamo seguono la via che va dal conscio al subconscio e, da lì, nella nostra anima; allo stesso tempo vengono memorizzate nel cosmo materiale e in quello immateriale. Il potenziale energetico della nostra anima si irradia a sua volta attraverso di noi, caratterizzandoci come essere umano.

La nostra anima può essere paragonata a un generatore. I nostri sentimenti, le nostre sensazioni, pensieri, parole e azioni sono il carburante che vi immettiamo; il generatore, cioè l'anima, mette in movimento l'uomo con questo carburante.

Nel profondo dell'anima si trova la coscienza cosmica, la Legge eterna dell'Universo, che racchiude in sé tutte le forze pure, sia quelle dei mondi di sostanza sottile pura sia quelle di tutti gli esseri puri. La Legge eterna pervade tutte le forme di vita spirituali, che a loro volta si compenetrano reciprocamente.

Negli strati più esterni dell'anima è memorizzata la legge di semina e raccolta che si irradia e, con gli involucri da cui è costituita, dà forma all'aura. Questa legge, chiamata anche legge causale o legge del karma, si è sviluppata a causa delle azioni compiute dall'umanità contro la Legge universale. Nella nostra anima, quindi, è memorizzato quello che noi uomini abbiamo causato, quello di cui ci occupiamo ogni giorno, come per esempio i nostri sentimenti umani ed egocentrici, i desideri dei sensi e le passioni, le nostre sensazioni negative, impure, di inimicizia e colme di odio, come pure i nostri pensieri, le nostre parole e azioni.

La legge di semina e raccolta è la legge che ci rimanda come irradiazione quello che abbiamo trasmesso. Non pervade quello che è di sostanza grossolana, ma crea sostanza grossolana o vi invia le proprie irradiazioni. In entrambi i casi, essa riflette, cioè irradia a sua volta verso l'emittente. È così che l'essere umano riceve quello che ha trasmesso.

Entrambe le leggi, sia la parte più profonda dell'anima, ovvero la Legge eterna, sia la legge di semina e raccolta, danno l'impronta alla persona. Quindi, ognuno irradia verso l'esterno quanto ha immesso nella sua anima e questo si manifesta anche sul nostro corpo. Tutto il nostro modo di comportarci, che si esprime anche nei nostri gesti e nella mimica, dimostra chi siamo. Anche la struttura del nostro corpo e la sua forma, il nostro modo di comportarci e il nostro abbigliamento sono espressione del nostro essere.

Chi non riconosce la Legge di Dio, chi non vive in base ad essa, crea la propria legge personale, la legge riferita a se stesso, che egli crea con quello che trasmette e, infine, riceve. È la sua legge personale della caduta, la sua legge causale personale, la sua legge di semina e raccolta personale.

L'essere umano soffre a causa del proprio comportamento; si ammala a causa del proprio comportamento; attira la sua sorte a causa del suo modo di comportarsi. La sua immagine è l'irradiazione della sua anima. Non è l'immagine a somiglianza di Dio, ma l'immagine di se stesso, il suo comportamento che ha preso forma, la sua irradiazione che si esprime nella forma e nella struttura del corpo, nell'espressione del viso, nel suo abbigliamento, nella mimica e nei gesti.

Tutto quello che l'essere umano emana – il modo in cui irradia veramente – è una riproduzione del suo essere attuale. Anche se è molto bravo nel fingere, l'apparenza non inganna chi si trova al di sopra degli aspetti umani. Tutto è manifesto alla persona che ha esaminato se stessa e che ha sconfitto sempre più il suo ego umano restrittivo.

Chi non sconfigge se stesso, perché si lascia andare, perché nutre i suoi lati umani e si lascia sfuggire il senso della sua vita, vuole sconfiggere gli altri. Nel corso della sua vita, o al più tardi nell'aldilà, dovrà riconoscere di essere stato sconfitto da forze che lo hanno reso loro succube.

Se crediamo nell'esistenza della vita di sostanza sottile, ci sarà molto più facile accettare l'esistenza di una Forza onnisciente ed eterna, che ha creato questa configurazione cosmica, questo essere di sostanza sottile che, quando è incolpato, viene chiamato anche anima. Lo Spirito della Vita è la Forza eternamente esistente, che chiamiamo anche Dio.

La nostra anima –
il microcosmo nel macrocosmo

Dalle rivelazioni divine, sappiamo che la struttura dell'anima è come quella del macrocosmo; è costituita dalle forze dell'Universo. Poiché l'anima è Universo che ha preso forma, essa è il microcosmo nel macrocosmo e da esso proviene.

Se crediamo nell'esistenza di Dio e dell'anima, non ci accontenteremo più dello strato superficiale della materia. La persona desta, che vive consapevolmente la sua esistenza terrena e sfrutta le possibilità che la giornata le porta, esamina più a fondo le cose.

Per poter comprendere chi siamo dobbiamo esaminare noi stessi. In che modo? Certamente non guardando la superficie della nostra esistenza, al livello della materia; certamente non con il microscopio, con cui possiamo osservare la materia nella sua composizione fisica! Dobbiamo sperimentarci nelle situazioni della nostra vita, riconoscerci e trovare noi stessi per dimostrare a noi stessi chi siamo, da dove proviene la nostra anima e dove andrà dopo la morte del corpo.

Non possiamo dimostrare ad altri quello che abbiamo sperimentato ed esaminato in noi, perché la prova dell'esistenza di una vita di sostanza sottile può essere trovata soltanto da ognuno in se stesso. Possiamo dare al nostro prossimo solo le indicazioni di come giungere a scoprire e sperimentare se stesso nell'interiore, se abbiamo già fatto noi quest'esperienza.

Quindi ognuno deve sperimentare e trovare se stesso. Infatti, nessuno può mangiare o bere per un altro, così come nessuno può dischiudere la verità per un altro. Chiunque abbia raggiunto la verità, l'esistenza di Dio, può dimostrare, con buoni frutti, che Dio esiste e in questo modo può diventare per i suoi simili un esempio e un aiuto per giungere alla conoscenza.

Pertanto, nell'aldiquà possiamo scoprire l'aldilà solamente nel profondo della nostra anima, orientando la nostra vita sui criteri dei Dieci Comandamenti e del Discorso della Montagna.

Non è possibile esaminare con l'intelletto quanto si trova nella materia e al di là di essa.

Il nostro cervello è solo un fascio di luce che illumina una piccola parte della nostra esistenza terrena – ma non sarà mai in grado di scrutare l'aldilà. Il corpo umano è il veicolo dell'anima e il riflesso dell'aldilà, poiché il mondo dei sentimenti, delle sensazioni, dei pensieri dell'uomo, le sue parole e azioni penetrano in lui – e nel macrocosmo, cioè nell'aldilà; da lì essi riflettono, ovvero irradiano di rimando verso il corpo fisico. Di conseguenza, l'essere umano è quello che ha immesso nell'aldilà. Le nostre cellule cerebrali e tutte le cellule del nostro corpo sono soltanto forze che assorbono, che registrano i riflessi dell'aldilà e li trasmettono.

Dio è Sapienza Universale, il macrocosmo, e noi siamo il microcosmo nella Sapienza Universale, in Dio.

Per la nostra esistenza sulla Terra abbiamo bisogno di programmi di vita terreni, che hanno origine dalla percezione dei nostri cinque sensi, tramite i quali vediamo, udiamo, gustiamo, odoriamo e tocchiamo. Quello che vediamo, udiamo, odoriamo, gustiamo e tocchiamo viene espresso in parole e concetti. Quindi, abbiamo bisogno di questi programmi, che danno l'impronta al nostro linguaggio e al nostro modo di esprimerci. Abbiamo bisogno di programmi per questi concetti. Abbiamo bisogno di programmi per poterci esprimere nella materia. Ci occorrono concetti numerici. Abbiamo bisogno dei programmi per la nostra professione. Dobbiamo essere in grado di comprenderci. Questi e altri ancora sono i programmi terreni, i nostri strumenti per la vita nel corpo fisico.

Se ci rendiamo conto di essere il microcosmo nel macrocosmo, nella Sapienza Universale di Dio, ci sarà possibile trasferire questa Sapienza Universale di Dio nella nostra vita, per renderla manifesta sul piano della materia. Per lavorare con questa Sapienza, e quindi metterla in pratica, abbiamo bisogno delle nostre cellule cerebrali, come trasformatori della Sapienza Universale di Dio.

Se percorriamo la via dell'evoluzione spirituale, non abbiamo bisogno dell'intelletto, ma facciamo esperienza dell'Intelligenza, della Sapienza Universale di Dio e diventiamo intelligenti. In questo modo, tramite il nostro cervello, accogliamo il sapere riguardante le correlazioni cosmiche e lo trasferiamo in questo mondo, per il bene di tutti.

Chi si trova in questa comunicazione del microcosmo con il macrocosmo della Sapienza Universale di Dio è la prova vivente del bene, della salute, della felicità e dell'appagamento. È sovrano e non lega niente e nessuno a sé, perché è saggio, quindi intelligente; lascia a ciascuno la libertà, in quanto lui stesso è libero; infatti egli, quale spirito libero, è in collegamento con lo Spirito eterno di Dio e guarda più in profondità di quanto lo spirito del tempo sia mai stato in grado di fare.

Molti lettori, a questo punto, diranno giustamente che stiamo parlando di cose soprannaturali. Esatto. Soprannaturale è quello che non si può dimostrare a parole; si tratta di forze superiori che l'intelletto non è in grado di afferrare. Quello che è soprannaturale non ha nulla a che fare con i nostri sensi umani, che si riferiscono solo alla materia. Quanto è soprannaturale può essere compreso e sperimentato solo con la percezione dell'anima, che è in comunicazione con forze superiori.

Andiamo un po' più in profondità: chi è il Creatore e l'Artefice del grandioso Universo, del macrocosmo di materia sottile, del soprannaturale, che definiamo genericamente come aldilà? E chi mantiene in vita il mondo di materia grossolana, quello che definiamo come l'aldiquà?

È Uno solo che ha creato e dato forma a tutto, che vivifica e mantiene tutto in vita. È Dio! Noi definiamo Dio come Forza Universale o Forza Primordiale, o anche come Legge divina eterna e onnipresente o Sapienza Universale.

Per qualcuno Dio è solo un concetto, qualcosa che non si può afferrare né definire. Per un altro Dio è realtà, perché crede in Lui e adempie sempre di più la Sua eterna e sacra Legge, ed è quindi anche ricolmo di forza, amore, sapienza, salute, pace e armonia. Un altro ancora definisce Dio come la Vita, l'esistenza universale ed eterna. Qualsiasi nome diamo al Creatore e Artefice del grandioso Universo, noi siamo le Sue creature in cui Egli ha alitato la Legge dell'amore altruistico, per mezzo della quale siamo divenuti Suoi figli.

La forza onnipresente ed eterna, Dio, è l'energia che pervade ogni cosa, che compenetra i mondi di materia sottile e i mondi materiali. Dio opera ovunque, poiché Egli è onnipresente sia nella materia sottile che in quella grossolana. Dio è anche Colui che tiene il timone dell'Universo, la Legge immutabile da cui è scaturito il corpo spirituale che, quando è incolpato, viene chiamato anima.

Riconosciamo, quindi, che la parola Dio può comprendere diversi concetti, punti di vista, persino conoscenze e certamente anche esperienze personali. Ognuno incontra Dio, la Forza Universale, la Legge, in modo diverso. In base al nostro comportamento nei confronti di Dio, del nostro prossimo e del nostro ambiente, facciamo in noi l'esperienza del divino o di quanto non è divino, degli aspetti umani presenti in noi.

Possiamo spiegare il divino e ciò che non è divino nel modo seguente: il divino è quanto è buono, puro, bello, positivo, altruistico. È l'amore assoluto, eternamente fluente. Quello che non è divino è il contrario del bene. È il maligno che noi definiamo anche cattiveria, inimicizia, intolleranza, avidità di potere, quindi tutto quanto è negativo, l'egoismo. Noi creiamo entrambi questi aspetti in noi stessi, tramite ciò che siamo, con il nostro comportamento nei confronti di Dio, del nostro prossimo e del nostro ambiente.

Abbiamo letto che il nostro corpo spirituale – che definiamo anche anima – è il microcosmo nel macrocosmo, perché porta in sé, come essenza, tutte le forze dell'Universo. Nel profondo della nostra anima si trova la Legge incorruttibile dell'Amore, ciò che proviene da Dio e che è Dio. Quello che l'anima porta nella parte più profonda del suo essere è divino e rende divino il corpo puro, il corpo spirituale.

Gli strati superficiali dell'anima racchiudono quello di cui l'ego umano si è gravato, con le sue azioni contrarie alla Legge eterna e onnipotente dell'amore. La legge che ogni essere umano si è creato da sé – quello di cui egli stesso si è gravato, con il suo comportamento contrario alla Legge – viene definita anche legge personale o legge dell'ego, legge di semina e raccolta o anche legge causale, oppure legge che riflette verso di noi quello che trasmettiamo. Tutte queste diverse definizioni, tuttavia, esprimono sempre la stessa verità: quello che l'uomo semina raccoglierà.

Ciò che è impuro proviene dall'ego umano, quello che è puro proviene dal Puro, da Dio. Il corpo puro, etereo, di sostanza sottile, è stato creato da Dio e permane in Dio, la Legge dell'Amore. L'anima perciò racchiude in sé quello che è eternamente puro e divino, ma porta in sé anche le colpe causate dall'ego umano, dalle azioni contrarie a Dio, alla Vita eterna.

Finché l'essere umano è rivolto solo verso l'aldiquà e cerca la sua felicità sulla Terra unicamente nel mondo materiale, e finché è di casa solo sulla Terra, l'anima, dopo la morte del corpo, tenderà di nuovo verso la Terra in quanto essa, quand'era in veste umana, ha dato importanza soltanto agli aspetti umani e non ha accettato il divino né lo ha dischiuso in sé.

Per questo motivo, l'anima entra continuamente in un involucro di carne e ossa, un corpo di sostanza grossolana, che corrisponde alla sua irradiazione, fino a quando non cambia il suo modo di pensare e di vivere, aprendosi al Divino nel profondo del suo interiore. Tramite la legge di semina e raccolta, tramite la ruota della rinascita, essa verrà condotta a incarnarsi presso genitori che corrispondono alla sua irradiazione e con i quali essa, in veste umana, deve sistemare alcune cose. Possono essere di nuovo persone con cui ha vissuto in incarnazioni precedenti. Nella nuova incarnazione, l'anima dovrebbe chiarire e sciogliere con loro le colpe di cui si sono caricati insieme, se non è già avvenuto nei luoghi in cui le anime hanno soggiornato dopo la morte fisica, nelle sfere di purificazione.

Come già esposto, quello che l'uomo semina costituisce la sua legge personale; è riferito a lui, alla sua persona. In base a leggi astrali che l'umanità stessa si è creata, in base alla legge di semina e raccolta, tutto quello che l'uomo ha seminato lo influenza ed egli entra così in comunicazione con forze uguali o simili.

Se noi, ricercando il senso della vita e anche attraverso le nostre esperienze, abbiamo raggiunto una maturità tale da credere in una vita dopo questa vita terrena, saremo anche pronti ad accogliere e scoprire ulteriori aspetti ancora più profondi.

*Giungiamo al sapere per mezzo
della realizzazione, tramite quello che
riconosciamo e le nostre esperienze*

Prima di continuare, ricordiamoci che su di noi può ricadere solo quello che noi stessi abbiamo immesso nella nostra anima e nel computer causale, ovvero negli astri. Noi attiriamo ciò che viene emesso dalla nostra anima e da noi stessi, e soltanto questo può agire, a sua volta, su di noi.

Ognuno di noi dovrà, prima o poi, convincersi che né la scienza, né una comunità religiosa, né le confessioni né tutto quello che ci dicono gli altri possono aiutarci a giungere alla verità. Tutti gli sforzi esteriori possono essere spunti per riflettere, affinché noi stessi troviamo la via verso la verità. Se seguiamo le tracce dei nostri sentimenti, delle nostre sensazioni, pensieri, parole e azioni, delle nostre tendenze, dei moti dell'animo, della nostra tendenza a litigare, del nostro odio e cose simili, giungiamo a riconoscere noi stessi. Questo è quello che conta!

Infatti, il sentiero che conduce alla verità passa unicamente attraverso noi stessi, non attraverso seconde o terze persone. Dovremo riconoscere che le verità di cui veniamo a conoscenza attraverso dei libri – che si tratti di Dio, dell'aldilà o delle Leggi dell'Amore – ci hanno aiutato o tuttora ci aiutano a fare alcuni passi, ma un libro sulla verità non ci aiuterà mai a trovare la verità. I libri e le parole sulla verità sono aiuti che indicano la strada a ognuno di noi, ma non sono la certezza che cerchiamo. Questa può essere raggiunta solo da noi stessi, e non è possibile darne una prova esteriore. Ognuno di noi deve raggiungere in se stesso la sicurezza che le cose stanno veramente così come sono.

Se, nella nostra vita quotidiana, ci sforziamo di adempiere, passo per passo, i Comandamenti dell'amore altruistico e dell'amore per il prossimo, ovunque ci troviamo e qualsiasi ruolo abbiamo come esseri umani, faremo l'esperienza in prima persona che stiamo diventando persone diverse; sperimenteremo che il mondo dei pensieri negativi, che avevamo in passato, si trasforma e che riusciamo ad affrontare sempre più in modo positivo gli avvenimenti della giornata; perché affermiamo il nucleo positivo in tutto, e troviamo così una soluzione e una risposta positiva e conforme alla Legge a tutte le domande e a tutte le situazioni.

Nel corso di questo processo, con cui passiamo da un mondo di pensieri negativo a un atteggiamento positivo, conseguiamo ulteriori capacità, che ci fanno riconoscere la vita come un tutt'uno che si trova nelle mani di Dio. Penetriamo nella Legge dell'amore altruistico. Se ci sforziamo costantemente, faremo l'esperienza che un giorno potremo vedere i nostri simili alla luce della verità e sperimenteremo che la nostra visuale non è più offuscata dagli aspetti umani, da quello che non corrisponde alla verità.

Dopo questo passo evolutivo verso il positivo, possiamo richiamare senza emozioni il negativo, quanto è contro la Legge. Possiamo rimanere fedeli ai nostri sentimenti, sensazioni, pensieri e discorsi, perché non contengono nessuna aspettativa, nessun atteggiamento di disprezzo e nessun legame. Un salto evolutivo positivo di questo genere, verso una vita nella Legge, porta benevolenza e tolleranza verso i nostri simili. Attraverso questi passi nella Legge, sviluppiamo rispetto per la nostra stessa vita, che è la vita proveniente da Dio e, allo stesso tempo, per la vita dei nostri simili e di tutte le forme di vita.

Che cosa è successo? Sforzandoci giorno per giorno di adempiere i Dieci Comandamenti, che sono gli estratti della Legge eterna, abbiamo raggiunto l'ampliamento della coscienza. Questo significa che la nostra anima si è purificata sempre più e la verità compenetra ora i nostri sensi umani. Vediamo più in profondità. Vediamo più chiaramente, sentiamo quello che altri non sentono. Il nostro olfatto, il nostro gusto e il nostro tatto si affinano. Il nostro corpo si raddrizza e sentiamo che in noi si muove un secondo corpo; è l'anima che si purifica sempre più e tramite la quale lo Spirito di Dio trasmette all'uomo le Leggi universali. Queste sono le prove per noi stessi, che però non saremo mai in grado di dimostrare ai nostri simili.

Quando avremo raggiunto gradi di consapevolezza superiori, vivremo anche in modo più consapevole e ci muoveremo su questa Terra con passo più sicuro. Avremo fatto l'esperienza che le Leggi universali – la verità eterna – non si possono mai trovare nel mondo esteriore, ma unicamente dentro di noi, in ogni persona. Perciò un giorno ogni persona, o l'anima nelle sfere di purificazione, dovrà giungere alla percezione e all'esperienza interiore, tramite l'autoconoscenza e la realizzazione delle Leggi eterne.

Chi esamina a fondo se stesso e si immerge sempre più profondamente nelle Leggi eterne, realizzandole, ha trovato lo scopo della sua vita terrena e sa che tutto quello che gli accade, gioia o dolore, lo ha immesso lui stesso, e nessun altro, nel campo della sua anima.

Se possiamo affermare con certezza che il nostro prossimo non è responsabile della nostra malattia, della nostra sofferenza, della nostra disgrazia, ma che noi stessi ne abbiamo la colpa, abbiamo fatto un grande passo verso l'autoconoscenza e la realizzazione. Chi è alla ricerca della verità e ha fatto alcune esperienze personali può dire con convinzione che questa vita terrena ha un senso ben preciso per ognuno di noi: quello di diventare di nuovo cosmici, ovvero puri.

Riusciamo a comprendere meglio i concetti di aldiquà e aldilà, poiché comprendiamo le cose e facciamo esperienze personali che ci danno la certezza che vige una Legge eterna e cosmica, e che anche la legge di semina e raccolta sussiste per il nostro ego, come nostra legge personale.

L'aldiquà sono io, sei tu. Tutti gli esseri umani, che hanno vissuto nelle numerose generazioni passate fino a oggi, hanno formato e formano l'aldiquà; esso corrisponde, quindi, al modo di pensare e di vivere delle generazioni umane passate e di questa generazione. Ogni singola persona ha contribuito e contribuisce a dare forma e a trasformare la materia, con il mondo delle sue sensazioni e dei suoi pensieri, con le sue parole e azioni.

Né le sensazioni, né i pensieri, né le parole o le azioni delle generazioni del passato e del presente scompaiono, a meno che il singolo non trasformi le proprie parti negative in energie positive, fino alle fonti sublimi della vita, Dio. Sia le energie positive sia quelle negative determinano com'è nel presente e come sarà in futuro la vita

73

sulla Terra, e come vivrà l'anima di ogni singola persona nelle sfere di purificazione.

Ogni persona vede l'aldiquà, l'esistenza sulla Terra, in modo diverso. L'aldiquà e la sua vita sulla Terra sono come li vede attraverso i propri occhiali, cioè attraverso i suoi programmi di vita che riguardano i suoi desideri, le passioni, i legami, le sensazioni, i pensieri, le parole, le azioni e i sentimenti.

Le persone di tutte le generazioni, quindi, hanno dato forma alla materia – a quello che a noi è visibile – con i loro sentimenti, sensazioni, pensieri, parole e azioni, con le loro tendenze, le idee, con i desideri e le passioni, con il potere che hanno esercitato, con il loro odio e la loro invidia. Sottolineiamo che non sono soltanto le azioni di ogni singola persona, che vive o ha vissuto su questa Terra, a contribuire a tutto questo, ma anche ogni singolo pensiero e ogni singola parola.

La materia, quindi, è l'insieme di quello che hanno prodotto tutti gli esseri umani, a partire dalla vita del primo essere umano. Ogni produzione è il risultato di quanto è stato immesso o apportato. Essa contiene in sé quello che viene irradiato di ritorno, ovvero rimandato indietro, la riproduzione di quanto è stato immesso.

Il singolo essere umano riesce a comprendere e ad afferrare gli aspetti di questo mondo, di quello che esiste, solo in base alle sensazioni, ai pensieri, alle parole, ai sentimenti, alle azioni, ai moti, alle tendenze, alle impressioni e conoscenze comprese che ha immesso nella memoria del suo cervello, nella sua anima e nella memoria dei pianeti corrispondenti. Ed è solo questo che riuscirà anche a cogliere consapevolmente.

L'uomo trasmette, riceve e richiama sotto forma di immagini, pensieri, parole e azioni solo quello che ha già creato, cioè registrato, nella misura e nel modo in cui ha edificato la sua vibrazione e la sua frequenza.

Per questo motivo, uno non può vedere quello che vede l'altro oppure sentire ciò che l'altro sente e non può nemmeno riconoscere quello che l'altro riconosce. Quindi, due persone che vedono la stessa immagine, lo stesso paesaggio o la stessa persona, recepiranno ognuna aspetti completamente diversi. Anche se ciascuno di loro tiene presente l'immagine, il paesaggio o la persona in tutto il loro insieme, ognuno può vedere e registrare soltanto ciò che corrisponde alla propria frequenza, alla propria irradiazione. Questo è il suo stato di coscienza attuale.

Lo stesso vale per quello che sentiamo, odoriamo, gustiamo e tocchiamo. Due persone possono ascoltare la stessa cosa, tuttavia ognuno coglie un aspetto diverso o non sente quello che l'altro invece percepisce. Ognuno odora un profumo in modo diverso dall'altro. Ognuno percepisce il sapore di un cibo in modo diverso dall'altro e, toccando lo stesso oggetto, lo recepisce in modo diverso dal suo prossimo.

Tutto è coscienza. Gli aspetti umani della coscienza che si formano nel conscio, nel subconscio e negli involucri dell'anima sono costituiti dai nostri sentimenti, sensazioni, pensieri, parole, azioni, moti, tendenze, dalle nostre passioni, aspirazioni, desideri umani ecc.

Il Divino in noi, la verità eterna, è costituito dall'eterna Legge dell'amore altruistico, che racchiude in sé la pace, l'armonia, la felicità, la salute e la percezione divina. Irradiamo, quindi, quello che noi siamo, coscienza divina o coscienza umana. Vediamo, sentiamo, odoriamo, gustiamo e tocchiamo in modo corrispondente. Perciò, nella materia tutto è relativo. Nulla è perfetto. Tutto è segnato dalla coscienza degli uomini. Le persone che irradiano un campo di frequenza analogo si attirano reciprocamente; vedono, ascoltano, odorano, gustano e toccano anche in modo analogo; hanno le stesse o simili idee e opinioni.

La materia, quindi, non è mai l'Assoluto.

Nella materia – come la vediamo e la chiamiamo noi esseri umani – ognuno ha il suo piccolo mondo costituito dalle matrici di pensieri, dalle abitudini, dai desideri, dalle passioni e dalle consuetudini del singolo.

L'essere umano si muove in questo piccolo mondo. Fino a quando non inizierà a mettere in dubbio il suo modo di pensare e vivere, questo suo piccolo mondo sarà l'alfa e l'omega della sua vita. Per lui è la realtà, e al di là di questo non esiste niente altro per lui. È il suo orizzonte, quello che è egli stesso. Sono gli strati della sua coscienza, il conscio e il subconscio e quello che ha immesso nella sua anima.

Finché l'uomo prende come metro di misura il proprio piccolo mondo dei pensieri per tutto quello che vede, ascolta, odora, gusta e tocca, non riuscirà nemmeno ad accettare ciò che va oltre ad esso. Fino a quando rifiuta di riflettere su quello che non corrisponde al mondo dei suoi pensieri e di mettere in dubbio se stesso, resterà un prigioniero del mondo delle sue idee.

Queste persone disprezzano e rifiutano tutto quello che il loro orizzonte non è in grado di afferrare, che il fascio di luce della loro coscienza non illumina. Tutto quello che non ritengono possibile non può essere vero per loro, perché non hanno immesso niente di analogo nella loro memoria. Quindi, quanto non rientra nel loro costrutto di pensieri, nel loro piccolo mondo, è illogico e irreale.

L'essere umano resta convinto della propria opinione e non ammette nient'altro, tanto meno delle Leggi superiori, fino a quando il suo piccolo mondo non comincia a incrinarsi a causa di una sciagura, di una malattia o di altri avvenimenti. Queste circostanze possono indurlo a riflettere e, forse, a cercare Leggi e forze superiori.

Quindi la sorte può indicare la via verso conoscenze superiori, se la persona è disposta ad accettarla e a mettere in questione il suo modo di pensare e comportarsi, il suo modo di vivere.

Per ciascuno, l'aldiquà è formato da spezzoni, visti dalla prospettiva del proprio orizzonte, e ritiene che questi spezzoni siano la totalità.

Se riflettiamo su tutto questo, ognuno dovrebbe chiedersi: conosco davvero l'aldiquà – o ne conosco solo una parte? È solo un prodotto della mia immaginazione, quello che ho proiettato in questo mondo con i miei modelli di comportamento?

Molti di noi a volte hanno bisogno di forti scosse per riuscire a cambiare il proprio modo di pensare, per uscire dal proprio piccolo mondo di pensieri. Spesso questi scossoni, come già spiegato, avvengono attraverso delle sciagure. Abbiamo già letto che in tutto l'Infinito, sia nel mondo visibile, sulla materia, che in quello invisibile, nell'Infinito, non esiste il caso. Tutto è soggetto a Leggi assolute.

Quindi, non ci ammaliamo per caso. Non è per caso che ci cade un sasso in testa. Non è un caso se diventiamo poveri e non è un caso se diventiamo ricchi. Non è neanche un caso se nasciamo in una famiglia povera o in una benestante, in un paese povero o in una nazione ricca. Dietro a tutto quello che succede c'è una legge, che proviene dalla Legge eterna o dalla legge di semina e raccolta. La Legge eterna proviene da Dio, la legge di semina e raccolta, la legge dell'ego, chiamata anche legge personale, proviene dal comportamento umano.

Ogni essere umano immette nella legge di semina e raccolta il proprio mondo dell'ego, la propria legge dell'ego. Quello che immettiamo nel campo della nostra vita, nella nostra anima, è la nostra semina. L'essere umano, o l'anima nelle sfere di purificazione, raccoglierà a sua volta quello che ha seminato, in base a decorsi conformi alla legge. Giungiamo all'eterna Legge solo se eliminiamo il nostro comportamento umano che è contrario alla Legge di Dio, se mettiamo a tacere le nostre frequenze umane, le nostre emittenti, se ci orientiamo sulle Leggi di Dio, vivendole.

Secondo i nostri concetti umani, noi viviamo nell'aldiquà. Tuttavia l'aldilà – i mondi astrali, le sfere di purificazione e i mondi puri, l'Essere puro – ci sono così vicini. Tutto è energia. L'essenza di tutte queste energie si trova nella nostra anima. I Cieli, la purezza e la nobiltà ci compenetrano, come anche il cosiddetto inferno, ovvero il nostro comportamento errato e i nostri vizi.

L'essere umano quindi non è solo un uomo, non è solo un corpo. L'essere umano è costituito dallo Spirito di Dio, dall'Essere incorruttibile, dall'anima gravata di colpe e dall'involucro, dal corpo. Questo insieme lo chiamiamo uomo.

Lo Spirito di Dio è ciò che è eterno, puro, la fonte energetica, che tiene insieme l'anima e l'essere umano, che opera in tutto ciò che esiste. Finché lo Spirito di Dio e l'anima sono attivi nell'uomo, lo Spirito mantiene insieme le componenti del corpo. Quando lo Spirito e l'anima si staccano dal corpo, subentra la cosiddetta morte: il corpo fisico si decompone poco alla volta e tutte le sue componenti ritornano alla loro origine, la terra alla terra, l'acqua all'acqua. L'anima invece si mette in cammino verso le sfere dell'aldilà che ha determinato per sé, con il suo modo di pensare e vivere quando era in veste umana. Attraverso la comunicazione, l'anima trova il suo luogo di soggiorno che lei stessa si è programmata.

La vita, sia nell'aldiquà sia nell'aldilà, è costituita dalla comunicazione. L'essere umano, attraverso il suo mondo di sentimenti, sensazioni e pensieri, anche con le sue parole e azioni, con i suoi moti e tendenze, si costruisce il proprio campo di vibrazione con il quale si trova poi in comunicazione. Questo nastro di vibrazioni costituisce poi la via dell'anima verso il suo campo di comunicazione.

Tutte le forme di vita comunicano tra loro, compresi gli uomini e le anime. Ognuno è in comunicazione con le forze che ha sviluppato o che ha acquisito. L'anima luminosa e la persona luminosa si trovano in comunicazione con forze luminose elevate, mentre l'anima oscura, quindi gravata di colpe, e l'uomo gravato di colpe sono in comunicazione con forze negative di basso livello.

Perciò, dopo la morte del corpo, l'anima va dove viene attirata, verso quelle forze e in quei mondi con i quali era in comunicazione già quando era in veste umana. Come non esiste alcuna interruzione della vita in tutto l'Infinito, così non esiste nemmeno un'interruzione della comunicazione.

I programmi di vita dell'essere umano, che l'anima ha portato con sé per la vita terrena al momento della nascita, e quello di cui l'anima e l'uomo si sono caricati nel corso dell'esistenza terrena, costituiscono altrettante comunicazioni. Quando l'anima ha concluso la vita sulla Terra, questi campi trasmittenti e riceventi passano automaticamente nell'aldilà. Tuttavia, se ci sono ancora desideri, moti e tendenze verso l'aldiquà, oppure odio e ostilità verso persone, l'anima in cammino continuerà a trasmettere questi programmi verso la Terra, verso le persone o i luoghi con i quali intende continuare a coltivare il suo modo di vivere o le sue prepotenze, in base a ciò che si trova nel mondo dei suoi pensieri.

L'anima porta con sé tutto quello che si trova in essa: luce e ombre. Anche se i programmi di vita dell'anima, previsti per questa vita terrena, non possono più entrare in comunicazione con il corpo materiale, e quindi il riferimento con l'aldiquà, il magnete per l'esistenza terrena dell'anima nel corpo, non fa più presa e l'uomo decede, l'anima continua a vivere nell'aldilà con i programmi prestabiliti dall'uomo stesso.

La vita quindi è comunicazione. Riceviamo dalla fonte verso la quale trasmettiamo. L'essere incorruttibile nella nostra anima è in comunicazione con la Legge eterna, Dio. Il peccato è in comunicazione con il peccato, il mondo delle nostre idee, a sua volta, con mondi di idee uguali o analoghe. Le nostre aspirazioni umane, i nostri desideri, passioni e simili comunicano, a loro volta, con forze uguali o simili.

Ripeto: riceviamo dalla fonte verso la quale trasmettiamo.

Senza la comunicazione con la vita, Dio, non ci sarebbe alcuna evoluzione né uno sviluppo per gli esseri umani e per i regni della natura. La comunicazione corrisponde allo stato di coscienza di ogni singola persona, di ogni anima, alla coscienza dei minerali, delle pietre, delle piante e degli animali. Ogni piccolissima forma, ogni piccolissimo oggetto trasmette e riceve in base alla propria coscienza dischiusa. Dato che tutto è energia e trasmette in base al proprio campo di frequenza, alla sua coscienza dischiusa, tutto comunica con tutto, sia nel campo materiale sia in quello immateriale.

Anche gli elementi più piccoli del nostro corpo sono coscienza. Ogni cellula del nostro corpo ha tre aspetti di coscienza: la coscienza incorruttibile – la coscienza spirituale – il conscio e il subconscio. Ogni organo del nostro corpo, tutto quello che vediamo e non vediamo, è coscienza e si trova in comunicazione con tutto il resto.

Tramite la comunicazione, che corrisponde all'evoluzione, poiché la materia viene elevata gradualmente dallo Spirito di Dio, viene cioè portata a evolversi, tutto quello che è gravato di colpe viene ricondotto nell'eterna Legge divina, nell'eterno Essere, all'origine della nostra vera vita.

Dato che tutto è basato sulla comunicazione, in tutto l'Universo esistono le stazioni di trasmissione e ricezione corrispondenti. Perciò tutto quello che emettiamo, e quindi tutto quello che si trova in noi, è registrato anche nell'Universo. Chiamiamo questa dimensione universale anche computer universale, formato dagli innumerevoli astri spirituali della meccanica celeste divina. Il computer causale è costituito, invece, dagli astri delle sfere di purificazione e dell'Universo materiale. Il computer causale è la legge di causa ed effetto.

L'uomo immette, quindi, i suoi peccati nel computer causale. Se scioglie gli aspetti umani, cioè egoistici, entra in collegamento con il computer universale. In base a processi cosmici, il computer causale stimola, nella nostra anima e nel nostro corpo, quello che noi stessi vi abbiamo immesso, ovvero memorizzato; fa vibrare uno o vari complessi di cause. Queste si irradiano nel corpo attraverso l'anima, attivando nel corpo materiale quello che noi stessi abbiamo provocato; mettono in moto nel corpo fisico gli effetti delle cause che noi stessi abbiamo immesso.

Le cause presenti in noi possono essere molteplici; derivano da sensazioni e pensieri negativi, da azioni, moti e tendenze, quindi dal nostro comportamento errato. Per esempio, quello che abbiamo augurato che accadesse al nostro prossimo colpirà noi. Se odiamo il nostro prossimo, tutti questi pensieri di astio ricadranno su di noi. Se non riusciamo a perdonare i nostri simili, le nostre accuse ricadranno su di noi e così via. Quello che il computer causale mette in moto in noi può provocare malattie, sofferenze o reazioni errate, in base a ciò che abbiamo immesso nella legge di semina e raccolta, nella legge causale, nel computer causale.

Quello che abbiamo trasmesso in passato o che trasmettiamo ora, sia gli aspetti divini, conformi alla Legge, sia quelli egoistici, contrari alla Legge, il nostro piccolo mondo di pensieri, viene registrato nella nostra anima e nell'Universo. Quello che è nella Legge, il bene, l'altruismo, è in comunicazione con il computer universale, con la Legge divina. Ciò che non è nella Legge, il nostro comportamento errato, le nostre cause, il nostro piccolo mondo di pensieri egoistici, è in comunicazione con il computer causale.

Quindi la Legge Universale dice: ciò che trasmettiamo ricade su di noi. Quello che è in noi ci segna: siamo noi, è la nostra vita nell'aldiquà e, dopo la morte del corpo, anche nell'aldilà. Se attribuiamo al nostro prossimo la colpa delle nostre difficoltà, della nostra malattia, ci incolperemo sempre di più e ci incolperemo nei confronti della persona che accusiamo di essere la causa della nostra sorte. Continuando ad attribuire la colpa ai nostri simili, non riusciamo a riconoscerci e tanto meno a esaminare la nostra vita e la nostra esistenza nell'aldiquà. Guardiamo solo il nostro prossimo, anziché esaminare noi stessi. Vediamo solo la pagliuzza nell'occhio del nostro prossimo e non vediamo la trave nel nostro. In questo modo ci incolpiamo ogni giorno di più, anziché liberarci dalle nostre colpe ponendo rimedio al nostro comportamento errato.

Comportandoci in questo modo o in modo simile, non viviamo la nostra vita. Veniamo vissuti da forze extraterrene, che abbiamo attirato e attiriamo con il mondo dei nostri pensieri, oppure da nostri simili che agiscono in modo determinante su di noi e dai quali ci lasciamo influenzare, perché ci lasciamo andare. Questo vuol dire che non siamo noi a determinare il nostro modo di pensare e vivere, facendoci un'immagine di noi e osservandoci in modo critico, ma ci facciamo determinare, dominare e dirigere, per cui non teniamo più in mano le redini della nostra vita. A questo punto non sappiamo perché siamo in veste umana e, dopo la nostra morte fisica, come anima non sapremo perché eravamo sulla Terra.

Se viviamo un'esistenza terrena di questo tipo, simile a uno stato di sonnambulismo, immettiamo già nella nostra anima i programmi per la prossima incarnazione o incarnazioni, ovvero le cause che dovremo sopportare ed espiare incarnandoci in uno o più corpi terreni, in altre generazioni. Vivendo in questo stato di sonnambulismo nell'attuale esistenza terrena, possiamo creare una catena di colpe, che potremo scontare forse soltanto nel corso di più incarnazioni.

Quindi, se non superiamo la scuola terrena, in questa vita possiamo creare innumerevoli comunicazioni causali. Quando parliamo di queste comunicazioni, basate appunto su delle cause, non intendiamo i nostri programmi di vita terrena, dei quali invece abbiamo bisogno per vivere sulla Terra.

Se ci soffermiamo per un lungo periodo in un luogo e ci comportiamo contro la Legge, contro Dio, in quel luogo creiamo dei programmi corrispondenti. Questi programmi sono costituiti da parti del mondo delle nostre sensazioni, dai nostri pensieri, dal nostro modo di parlare e agire, dai nostri desideri e passioni. Dai programmi creati in quel luogo si forma una stazione trasmittente e ricevente. Queste stazioni trasmittenti e riceventi, da noi create, possono penetrare nell'aura di comuni, città e nazioni. Si trovano anche come campi magnetici attorno a una casa o a un luogo di residenza.

Attraverso questi programmi, che sono memorizzati anche nel nostro conscio e subconscio e nei campi della nostra anima, possiamo entrare in comunicazione con queste stazioni trasmittenti e riceventi. Un esempio: se il nostro vicino parla di un luogo in cui ci troviamo spesso, o di un Paese che abbiamo visitato varie volte, in noi affiorano improvvisamente immagini e impressioni dei soggiorni che abbiamo trascorso in quel luogo. In questo caso avviene quanto segue: siamo stati stimolati dal colloquio con il nostro vicino e improvvisamente ci sono venute in mente determinate cose. Con le impressioni memorizzate in noi, abbiamo stabilito un contatto con il luogo di soggiorno di un tempo.

Attraverso questo contatto hanno preso vita immagini, che ci hanno richiamato alla mente quello che è avvenuto e ci ha coinvolti in quel determinato luogo o Paese.

La stazione trasmittente e ricevente che abbiamo creato in quei luoghi ha accolto il potenziale di trasmissione da noi memorizzato e lo ha ritrasmesso verso di noi, che abbiamo così ricevuto.

Analogamente accade all'anima disincarnata. Tutto quello che ha memorizzato si manifesta dentro di lei in immagini. L'unica differenza è che l'uomo percepisce solo in modo sbiadito le immagini provenienti dai viaggi di un tempo, mentre l'anima sente dentro di sé tutti i dettagli, le gioie e le sofferenze, anche quello che ha provocato ai suoi simili a causa del suo comportamento negativo quando era in veste terrena.

Ripeto: tutto è coscienza. Anche ogni programma è coscienza. Lì, dove trasmettiamo va anche la nostra coscienza. Da lì richiamiamo di nuovo quanto vi abbiamo lasciato con le nostre sensazioni, con i nostri pensieri, con le nostre parole e azioni, con le nostre aspirazioni, desideri e altro.

Tutto è basato sulla polarità, sul principio "trasmettere e ricevere". Ogni emittente ha la propria ricevente e ogni ricevente ha la propria emittente. Definendo il positivo e il negativo come una polarità non si intende la vita positiva o negativa.

Fino a quando la nostra stazione emittente e ricevente, basata sul nostro modo di pensare e di vivere, raggiunge solo l'emittente causale, cioè il computer causale, viviamo in modo sostanzialmente negativo e trasmettiamo anche allo stesso modo. Di conseguenza riceveremo anche solo energie causali, contrarie alla Legge.

Dopo la morte del corpo, la nostra vita nell'aldiquà sarà anche la nostra vita nell'aldilà. Quello che noi siamo nell'aldiquà, che ci caratterizza, lo siamo anche nell'aldilà – e lo saremo di nuovo nella prossima incarnazione nell'aldiquà se, come anima, non abbiamo elaborato i nostri peccati nell'aldilà.

L'alternarsi della vita nell'aldiquà e nell'aldilà, dall'aldiquà all'aldilà e viceversa, continuerà finché siamo ancora legati alla Terra. Se, vivendo in modo consapevole e ampiamente conforme alla Legge, entriamo in comunicazione con forze più elevate, non ci incarneremo più. Così, ritorneremo passo per passo, quali esseri provenienti da Dio, nell'Oceano della Vita infinita, nella Legge Assoluta dell'Amore. La Legge, Dio, è la forza dell'Amore. È la vita, il nostro vero essere, il nucleo, la parte più profonda della nostra anima, il corpo eterico di sostanza sottile, che non è di questa Terra.

Per poter giungere a Leggi più elevate, dobbiamo abbandonare i nostri bassi aspetti umani, che si contrappongono alle Leggi superiori. Se il nostro ego umano – ovvero i nostri aspetti negativi – muore, raggiungeremo sempre più la purezza e la libertà della nostra anima e anche la purezza nel nostro modo di pensare e di vivere. Di conseguenza, con le nostre sensazioni e i nostri pensieri, che stanno diventando più luminosi, raggiungeremo più spesso stazioni emittenti e riceventi più elevate, aspetti della Legge più elevati, che a loro volta irradieranno verso di noi e ci libereranno poco alla volta dal labirinto ancora esistente di legami, esigenze, dal voler essere e avere, che comunque si sta schiarendo sempre più. Grazie all'azione di forze superiori che operano in noi e attraverso di noi, ci libereremo anche dalle pretese di possesso, dall'invidia e dall'avidità, per giungere all'unità cosmica con le forze dell'eterno Essere.

Riepiloghiamo: se vogliamo liberarci dal nostro ego umano, da costrizioni, paure, da invidia, gelosia, inimicizia, da malattie e sofferenze, dobbiamo rivolgerci al polo della vita in noi, al Divino, all'Io Sono, all'eterna Legge dell'Amore. Questo avviene se ci distogliamo dalla polarità astrale, dal sistema causale nel quale sono memorizzati i nostri programmi astrali, per rivolgerci verso il Divino, verso sensazioni e pensieri nobili e altruistici. Per fare questi passi ci sono stati dati i Dieci Comandamenti e le indicazioni del Discorso della Montagna.

Ci troviamo quindi nella scuola di vita terrena per imparare e per dischiudere, come esseri umani, quello che abbiamo ricoperto con i nostri peccati. È la Legge dell'amore altruistico, ciò che è puro, nobile e fine. Quello che l'anima è ridivenuta nell'interiore, partendo dal profondo – cioè la Legge dell'Amore, la fine fonte d'irradiazione cosmica – si manifesta poi anche esteriormente. L'essere umano diventa più fine nella sua struttura. La sostanza materiale ha un'irradiazione più fine. La parte grossolana, rigida, chiassosa e presuntuosa, l'egocentrismo e l'orgoglio si staccano da noi. La persona diviene più fine, più nobile; il suo essere è sincero e aperto. Il volersi nascondere si è trasformato in libertà e apertura. È tollerante e benevola; il suo modo di parlare è fine, non come quello ricercato dell'intelletto. Sa come esprimersi e, nella sua risposta, coglie in pieno il punto della domanda o della situazione. I suoi vestiti sono puliti, la persona è curata. Ha un certo fascino nel suo aspetto, che come esseri umani, definiamo aggraziato, elegante, amorevole, intelligente, fine e sovrano.

L'interiore, quindi, dà l'impronta all'esteriore e il comportamento esteriore si ripercuote a sua volta sull'interiore. Quello che siamo nell'interiore ci segna anche esteriormente. Quello che irradiamo, lo siamo; questo è lo stato di coscienza della nostra anima e così saremo anche dopo la morte del corpo.

Se ci siamo ampiamente perfezionati nelle Leggi eterne, nel profondo del nostro essere siamo la fonte di irradiazione dell'Amore divino. La personificheremo in noi anche come esseri umani e, dopo la morte fisica, la nostra anima vivrà contenta, felice e consapevolmente in Dio in mondi più elevati, dove le forme di vita assomigliano già all'Essere supremo.

Se, come esseri umani, abbiamo superato le prove della scuola della vita, abbiamo messo a buon frutto il nostro periodo di tempo sulla Terra. Al più tardi dopo la morte del corpo fisico, ne diverremo consapevoli. Saremo liberi, contenti, felici e uniti con la vita in noi e attorno a noi, oppure sentiremo nella nostra anima i dolori lancinanti che abbiamo causato al nostro prossimo con il nostro comportamento. Questo è il fuoco ardente che può essere paragonato all'inferno.

Paradiso e inferno, perciò, sono stati di coscienza dell'anima e agiscono nella nostra anima oppure già nel nostro corpo fisico e su di esso, se le cause da noi poste vi si ripercuotono come effetti. Se l'essere umano, nella scuola di vita terrena, non ha acquisito qualità spirituali divine con la forza del Cristo, se ha continuato a peccare nonostante il sapere spirituale e malgrado conoscesse i Dieci Comandamenti e il Discorso della Montagna, nelle sfere di purificazione la sua anima si troverà in condizioni infernali.

Tante persone che agiscono contro le Leggi della vita pur avendo conoscenze spirituali, e peccano perciò in modo consapevole, in molti casi non sono più se stesse; infatti quello che esce dall'uomo ritorna a lui e, nel contempo, si accumula nella cronaca atmosferica, formando complessi di energia, simili a nuvole, tramite i quali altre anime possono poi esercitare un influsso su di lui. Anime legate alla Terra penetrano, come fulmini in colui che pecca malgrado il suo sapere, e lo manovrano tramite i suoi stessi programmi, attraverso cui scorrono le sue comunicazioni, in modo più o meno consapevole. Nei casi più estremi, può accadere che anime si impossessino di lui, se l'essere umano dà loro via libera, perché rimane sempre più spesso "fuori di sé" a causa di odio, litigi, aggressività e lotte.

Chi è posseduto da anime non dà necessariamente l'immagine di un pazzo. Anche coloro che sono posseduti si sposano e hanno figli e apparentemente conducono una vita normale. Quasi non si distinguono da altre persone, perché molti sono nella stessa situazione, cioè a loro volta sono posseduti. L'unica cosa che tradisce le persone possedute è la loro tendenza verso le cose apparenti, e ancora di più la loro convinzione che tali cose siano indispensabili e importanti.

L'uomo vive nel mondo demoniaco. Come può smascherare il demone in se stesso e nel mondo? Solo osservando se stesso e il mondo, con la sua pubblicità penetrante, con il consumismo ritenuto indispensabile. L'effetto contagioso della pubblicità e i bisogni che risveglia indicano il dominio dei demoni.

Si potrebbe dire che, come l'economia, anche la politica, le chiese e la scienza si sottomettono ai demoni. Infatti, tutto quello che è proiettato verso l'esteriore si pone al servizio di queste forze.

La società odierna corrisponde alle antiche descrizioni degli inferi. L'ebbrezza procurata dalle cose esteriori, dalla ricchezza, dai piaceri, da proprietà e dal potere è un segno inconfondibile dell'operato demoniaco e dell'essere posseduti dai demoni.

Chi si inebria del proprio lavoro e fa di tutto per arrampicarsi in alto sulla scala del successo è un prigioniero. Di conseguenza, il suo modo di pensare non è più libero e desto.

L'ebbrezza delle cose esteriori è sempre apparenza. L'essere umano inganna se stesso. Il demone desidera che l'uomo sia inquieto, affinché ricada sempre più in cose senza senso; viene sballottato di qua e di là da cose futili e accumula una quantità di sapere insulso. Il demone vuole anche l'individualismo, l'individualità e non ciò che è impersonale. Il demone vuole anche l'inimicizia, che equivale al chiudersi in se stessi, al male.

Come può l'uomo sfuggire a queste grinfie? Dobbiamo porci continuamente la domanda: cosa vogliamo raggiungere? Dopo la nostra morte, vogliamo vivere come anime legate alla Terra, oppure vogliamo fare ritorno in mondi più elevati? Lo determiniamo noi stessi. Se ci leghiamo alla materia, ne rimarremo legati anche come anime. Se ci sciogliamo dalle immagini fallaci di questo mondo di apparenze, ce ne staccheremo e saremo liberi per mondi più elevati.

Esistono anche interi gruppi di anime che hanno interessi comuni e che influenzano singole persone o interi gruppi di persone, manovrandoli tramite i loro stessi programmi di vita, perché compiano in questo mondo quello che desiderano queste anime dagli stessi interessi.

A causa di questi o simili influssi, una persona può perdere la propria identità, perché altre forze ora dirigono i suoi programmi di vita o immettono, tramite cosiddette "iniezioni", i loro programmi nella comunicazione dei suoi programmi, imponendole in questo modo i loro desideri e le loro idee. Così l'uomo viene manovrato e allo stesso tempo spreca la sua vita terrena, perché non vive più i suoi programmi di vita che si è portato in veste terrena come anima. Al contrario, carica la sua anima di ulteriori colpe, eventualmente anche molto gravi, perché è responsabile per tutto quello che pensa, dice e fa.

Al più tardi nell'aldilà, quest'anima si renderà conto che, quando era in veste umana nell'aldiquà, non ha vissuto, ma è stata vissuta. L'anima vede anche che, in veste umana, si è preparata la sua prossima incarnazione o perfino più incarnazioni.

Se l'anima potrà poi vivere i suoi programmi di vita in un'ulteriore incarnazione, dipende dalle cause di cui si è caricata nelle vite precedenti. Infatti, in base alle colpe di cui ci carichiamo in questa esistenza, vivremo anche la nostra prossima incarnazione o le prossime incarnazioni.

Quindi, in noi e attraverso di noi si rispecchia quello che siamo, e questo è anche ciò che attiriamo.

Quello che ci disturba è il nostro specchio.
Rispondenze: siamo noi stessi!

uello che ci accade è il nostro specchio, sia in merito ai nostri aspetti più luminosi sia a quelli più oscuri. Ciò che i nostri occhi recepiscono e a cui reagiamo con le sensazioni, i pensieri, le parole e le azioni vuole indicarci qualcosa. Possiamo affrontarlo altruisticamente e reagire con disponibilità e benevolenza oppure prenderne semplicemente atto; questi sono aspetti di un modo di percepire positivo che hanno toccato in modo piacevole ed edificante il nostro interiore. Può invece succedere che i riflessi che abbiamo recepito ci disturbino. In questo caso possiamo dedurre con certezza che che noi stessi siamo squilibrati.

"Essere squilibrati" per molte persone è un'affermazione molto forte, perché chi vuole mai esserlo? Crediamo sempre che siano gli altri. Eppure è proprio così: quello che trasmetto, lo ricevo. Per esempio, se il comportamento del nostro prossimo ci irrita, dovremmo chiederci se non siamo anche noi simili a coloro che ci hanno disturbato con il loro modo di fare, che ci hanno irritato o addirittura fatto arrabbiare.

Se ci irritiamo per l'avidità del nostro prossimo, questo ci indica con certezza che noi stessi siamo ancora avidi, altrimenti non ci darebbe fastidio. Se ci irritiamo a causa di una persona presuntuosa, questo ci dice che noi stessi siamo ancora presuntuosi. Se ci dà fastidio una persona ingorda, questo vuole indicarci che anche noi siamo avidi di cibo o di altri generi voluttuari.

Ci irrita solo quello che desideriamo come esseri umani. Se, tuttavia, ciò che il nostro prossimo possiede, quello che dice e fa, non ci infastidisce, allora non corrisponde al nostro modo di pensare e di vivere. In questo caso non ci sentiremo nemmeno toccati da quanto possiede il nostro prossimo o da quello che dice o fa. Si sente toccato solo chi è stato colpito, perché ha in sé gli stessi o simili aspetti.

La persona avida si irrita per l'avidità di un altro, forse perché questi possiede più di lei. Chi è presuntuoso si irrita per la presunzione di un altro, che ritiene abbia più sapere e sia più intellettuale di lui. Quindi, chiunque vuole avere di più si irriterà a causa di chi possiede più di lui, che in un certo senso è più "sazio". Questi programmi umani vengono chiamati anche "rispondenze". Quello che invio in pensieri e parole al mio prossimo corrisponde a me stesso.

Le rispondenze, perciò, sono programmi umani negativi. Se nutriamo questi nostri programmi per anni, senza che ce ne rendiamo conto, forze extraterrene poco alla volta si impossesseranno delle nostre rispondenze e quindi dei nostri programmi; ci logoreranno e attueranno attraverso di noi quello che vogliono fare in questo mondo; così saremo i loro strumenti e posseduti da loro.

Pertanto, gli altri possono irritarci solo se noi stessi non siamo in equilibrio. Chi invece vive i Dieci Comandamenti di Dio e gli insegnamenti del Discorso della Montagna, che sono estratti della Legge eterna, non si lascia irritare, perché è equilibrato. Il nostro comportamento nei confronti delle persone che ci circondano ci indica se siamo equilibrati oppure no. Saremo equilibrati quando avremo trasformato con la forza dell'eterno amore, con il Cristo, i campi dell'ego umano che sono emittenti che ci disturbano.

Il Divino non può essere disturbato, perché è perfetto. Solo ciò che è imperfetto, il peccato, è squilibrato e si fa disturbare e influenzare.

Se non abbiamo più rispondenze con i nostri simili, il loro modo di pensare, di vivere e di comportarsi non ci disturberà. Anche se riconosciamo gli aspetti che sono in loro, questi non ci toccano, perché dentro di noi non abbiamo aspetti uguali o simili. Se due persone litigano per un determinato motivo, per un'opinione o un modo di vedere le cose, significa che ci sono le stesse o simili rispondenze – ovvero cause – che le hanno condotte insieme e che dovrebbero sistemare insieme; oppure ognuno dovrebbe riconoscersi in queste cause e sistemare quanto è risuonato dentro di sé.

A chi dà fastidio che una mela sia una mela e che una pera sia una pera? Se la cosa non ci infastidisce, la accettiamo come dato di fatto, perché dentro di noi non c'è un polo contrario.

Quindi, noi stessi siamo quello che ci disturba e ci fa arrabbiare; questa è la nostra piccola legge dell'ego, il nostro mondo limitato, costituito da rispondenze, che fa parte della legge causale, della legge di semina e raccolta.

Perciò, il caso non esiste e non esiste nemmeno una concatenazione di casi. Tutto segue un decorso conforme alla Legge e corrispondente al nostro modo di pensare e di vivere.

Chi non cambia se stesso non può nemmeno dare un contributo per migliorare il mondo. Nella storia si ripetono continuamente crolli o eventi che cambiano il mondo, in cui gli uomini parlano molto di pace e vogliono cambiarlo. Chi vede nel profondo della legge di semina e raccolta riconosce che solo chi ha cambiato se stesso è in grado di cambiare il mondo. Se le persone cambiano in senso positivo, sciolgono la legge della rispondenza, che è un aspetto parziale della legge causale, e in questo modo anche il mondo cambia in senso positivo e la struttura della materia diventa più fine. Se l'essere umano diventa più luminoso e più fine, anche il mondo diverrà migliore e la Terra più sana, perché l'uomo è diventato più luminoso e migliore. In questo modo le malattie e le preoccupazioni scompariranno, perché gli uomini non avranno pensieri di malattia né di preoccupazione.

L'essere umano egocentrico e incontrollato crea la propria sorte

L'anima si trova in veste umana, nella scuola di vita terrena, per realizzare la vita della Sapienza divina, in modo da avvicinarsi passo per passo alla perfezione, alla sua vera origine. In questo modo non dovrà sopportare determinati eventi spiacevoli che ha portato con sé quando ha iniziato la sua vita sulla Terra e che sono presenti in lei in modo latente. Questo perché, cambiando la propria vita e adempiendo le Leggi di Dio, l'anima è passata a ritmi di vita più elevati; infatti la via della vita che ogni anima e ogni essere umano dovranno percorrere è la via che conduce alla perfezione.

Un aspetto tipico di noi esseri umani è quello di dare sempre la colpa agli altri quando non ci riesce qualcosa o veniamo colpiti da un evento spiacevole. Tuttavia, se poniamo questo metro di misura su di noi, sul nostro comportamento, sulle nostre parole, sui nostri sentimenti, pensieri, azioni, aspirazioni e desideri, dovremmo renderci conto che, in fondo, non siamo così nobili come pensiamo di essere. Dato che ci osserviamo e ci controlliamo troppo raramente, ci inganniamo. In molti casi non ce ne accorgiamo nemmeno, perché viviamo in modo così superficiale da non essere consapevoli della differenza che esiste tra quanto diciamo e facciamo e il mondo dei nostri sentimenti, delle nostre sensazioni e dei nostri pensieri.

La maggior parte delle persone non è divisa solo in due tra conscio e subconscio, ma addirittura in più parti, perché il mondo dei sentimenti degli uomini, delle loro sensazioni, pensieri, parole e azioni in genere è contrastante. A questo si aggiungono i desideri di vario tipo e le loro passioni, che si esprimono attraverso il mondo dei sentimenti, delle sensazioni e dei pensieri. In genere, queste sfere vengono ricoperte con parole o non ne teniamo nemmeno conto, poiché, come esseri umani, non ci osserviamo.

Vediamo, quindi, che non ci conosciamo.

Dopo la morte del corpo, come anime entreremo in sfere che ci sono apparentemente estranee, ma che, quando eravamo in veste umana, si sono ripetutamente delineate nel mondo dei nostri sentimenti, delle sensazioni e dei pensieri. Tuttavia, dato che in veste umana non ci siamo controllati e non abbiamo analizzato i nostri sentimenti, le sensazioni e i pensieri, da anime ci ritroveremo come estranei in un altro paese, che in fondo ci siamo creati noi stessi con i nostri sentimenti, le nostre sensazioni e i nostri pensieri quando eravamo in veste umana.

Se, come esseri umani, non controlliamo i nostri sentimenti, le sensazioni e i pensieri, viviamo in modo inconsapevole e non ci conosciamo; anche come anime non sapremo poi chi siamo veramente.

Per questo motivo, molte anime sono attaccate al mondo delle parole, a quanto hanno dato forma esse stesse con il loro mondo di sentimenti e di pensieri, con le loro parole e azioni. Questo poi è il loro mondo, la loro patria. Dov'è questa loro patria? È il mondo apparente, un mondo costituito da immagini che le circonda, intessuto come un bozzolo intorno all'anima e all'uomo.

Poiché molti non si sono esaminati profondamente e non hanno sperimentato se stessi, ci sono molte anime legate alla Terra. Quando erano in veste umana, il mondo delle loro parole, affermazioni e azioni era loro più vicino delle proprie "vesti", di quello il mondo dei loro sentimenti, sensazioni e pensieri avrebbe potuto rivelare loro.

Quando definisco i sentimenti, le sensazioni e i pensieri come vesti, intendo il bozzolo che avvolge l'anima anche dopo la morte del corpo fisico dell'uomo. Questa conformazione, simile a un bozzolo, è un plasma; è l'aura che circondava già anche l'essere umano.

L'essere umano vede solo attraverso gli occhiali della sua aura. Essa è costituita dal potenziale di vibrazione del mondo dei suoi sentimenti, delle sue sensazioni e dei suoi pensieri, come pure delle sue parole e azioni. Tutto questo viene definito come irradiazione della sua anima. Sia l'anima che l'uomo percepiscono il loro ambiente attraverso questi occhiali del plasma, vale a dire attraverso l'aura che avvolge l'anima e l'essere umano.

L'anima che ha lasciato il corpo, quindi, è avvolta dalla stessa aura che la circondava già come essere umano. L'aura dell'anima, il plasma, è costituita da numerosi strati, che manifestano le cause e rispecchiano il pro e il contro, il positivo e il negativo. Chiamiamo questi strati anche vesti dell'anima, perché avvolgono il corpo dell'anima.

Ogni anima vede nel proprio strato del momento, nella veste che lei stessa si è creata, soltanto gli aspetti che ha acquisito quando era in veste umana. Vede la propria esistenza terrena di un tempo in immagini, che essa stessa si è creata con il mondo dei suoi sentimenti e pensieri, con le proprie parole, azioni, aspirazioni, desideri e passioni come in un mosaico, tassello dopo tassello. Nell'aldilà l'anima recepisce quindi le immagini e le impressioni nello stesso modo in cui, quando era in veste umana, vedeva l'ambiente che la circondava attraverso gli occhiali del suo ego, attraverso i diversi strati della sua aura. L'anima vive in ciò che l'uomo ha immesso in questo mosaico che si compone.

Anche l'essere umano vive in quello che egli stesso proietta, iniziando dal primo tassello del mosaico fino a giungere al mosaico completo. Esistono molte varianti dell'ego umano, con le quali l'uomo crea le proprie immagini, il proprio mosaico. Se, per esempio, la persona vive in discordia con i suoi colleghi o colleghe di lavoro, le sue immagini saranno composte dalle proiezioni dei suoi sentimenti, delle sue sensazioni e pensieri. Tutto quello di cui parla, tutti i pensieri e le parole delle sue liti sono vivi nell'immagine. Se accusa il suo superiore, definendolo per esempio uno sfruttatore, tutti i suoi sentimenti, le sensazioni, i pensieri, le sue parole e azioni riguardanti questo tema appariranno sotto forma di immagini, prima nel conscio, poi nel subconscio e infine nell'anima. Tutto questo passa nell'aura, nel plasma. L'anima irradia poi, a sua volta, quello che l'essere umano ha immesso in lei.

Le opere di una persona costituiscono il suo mondo dell'ego, la sua legge dell'ego e quindi la sua sorte. Tutte le sue opere, che si esprimono nei suoi sentimenti, sensazioni, pensieri e anche nelle sue parole e azioni, nei suoi desideri e nelle sue passioni, vengono registrate sotto forma di immagini.

Il più piccolo oltraggio contro la Legge della vita viene registrato. Se la persona, per esempio, ha ucciso intenzionalmente animali o strappato piante e arbusti nel pieno della linfa, non vengono registrate soltanto queste azioni, ma anche quello che l'ha spinta ad agire in questo modo, quindi i suoi stessi sentimenti, sensazioni e pensieri. Anche le cause che, per esempio, l'hanno spinta a prendere una bottiglia per ubriacarsi e tutti i sentimenti, le sensazioni e i pensieri che circolano attorno alle radici di questo male – ovvero le cause – sono registrati. E se poi, in stato di ebbrezza e incapace di discernere, litiga con i suoi compagni al tavolo, finendo in una baruffa, anche questo viene registrato.

Viene registrato tutto, anche i pensieri ai quali non diamo importanza, come per esempio i motivi più sottili che ci spingono ad andare in vacanza e tutto quanto è avvenuto nel luogo delle vacanze. Anche se pensiamo a lungo a quello a cui abbiamo tenuto e a cui teniamo come esseri umani, o alle nostre pretese di potere, al nostro desiderio di prestigio, ai pensieri di poter determinare altre persone, di dominarle e dirigerle o di farle lavorare per il nostro profitto personale, tutto questo penetra nei minimi dettagli, sotto forma di immagini, nella nostra anima, e da tutto ciò deriva il plasma. Anche il forte desiderio di fumare sigarette, bere alcolici e vivere la sessualità, e quello che si trova dietro il desiderio di eccedere con queste cose, penetrano nell'anima e nel plasma sotto forma di immagini vive.

Dopo la morte del corpo, l'anima continua a vivere in queste immagini, che le si manifestano poco alla volta; per l'anima non ancora risvegliata esse costituiscono la realtà. Se l'essere umano non ha superato le prove della sua vita nella scuola terrena, dopo aver deposto il suo involucro umano, l'anima inizialmente vivrà nelle immagini costituite dalle ultime impressioni avute in veste terrena; vivrà in questo mondo di idee e, in base alla loro struttura, anche tra gli esseri umani.

Quando la persona muore, l'anima legata alla Terra continua a recepire tutto quello che avviene nell'ambiente in cui aveva vissuto quand'era in veste umana; infatti essa continua a vivere nelle produzioni che lei stessa aveva creato, nelle immagini che le rispecchiano quanto è successo in passato e ancora avviene. Dopo aver superato alcuni piccoli ostacoli dovuti al cambiamento che non riesce ancora a percepire, l'anima continua a trattenersi nella sfera materiale. L'anima orientata sul mondo dell'aldiquà, non registra gli ostacoli più o meno grandi che incontra nelle sfere in cui si intrattiene.

A causa del suo comportamento egocentrico, quando viveva come essere umano sulla Terra ha immesso nelle persone che gli erano succubi, o che erano simili a lui, le sue idee e i suoi programmi, come per esempio vanità, sete di potere, sottomissione, o le ha indotte a dire sempre di sì, asservendole così all'ego umano. L'anima di una tale persona continua poi a vivere nei propri programmi, che ha immesso nei suoi simili quando era in veste umana. In questo modo, instaura una comunicazione con le persone che ha programmato quand'era un essere umano. Perciò, spesso l'anima non si accorge per molto tempo di non trovarsi più nella dimensione terrena. Per lungo tempo non si rende nemmeno conto che comprende gli uomini ed è ampiamente in sintonia con loro, solo perché vivono in parole e opere i programmi che essa ha immesso in loro quando era in veste umana. Così l'anima partecipa direttamente a quanto avviene, per esempio, in famiglia, sul lavoro, nella cerchia degli amici, in un partito o in una confessione religiosa.

Quest'anima, quando era in veste umana, ha vissuto attraverso i suoi simili e anche ora, da anima, continua a vivere attraverso coloro che le sono serviti da fornitori di energia già durante la sua incarnazione. Tutto questo continua fino a quando la persona, che un tempo essa ha programmato, si ammala proprio a causa di questi programmi estranei oppure le accade una disgrazia. Allora ha inizio la sofferenza anche nell'anima che ora non vive più nel corpo, ma che ha immesso i propri programmi nella persona ammalata. Le sofferenze che sopporta il malato, deve ora subirle anche l'anima che lo ha programmato, nella misura in cui ne è corresponsabile. Soffrono, quindi, in due: l'anima uscita dal corpo e l'essere umano. Sono in due a dover scontare, sia l'anima priva del corpo che l'uomo. Sono in due a dover chiedere perdono, sia l'anima priva del corpo che l'essere umano; infatti, uno ha sfruttato i propri punti forti umani e l'altro, umanamente più debole, si è lasciato sottomettere. Perciò entrambi devono perdonarsi reciprocamente, sia l'anima disincarnata che l'uomo. Però, per uno solo dei due vale il principio di non ripetere più lo stesso errore: per l'essere umano.

Vi chiederete perché colui che ha subito il danno deve chiedere perdono all'anima disincarnata, sebbene questa, quando si trovava in veste umana, abbia immesso in lui i suoi programmi. La persona che si è lasciata influenzare ha vissuto in modo superficiale; non ha esaminato il mondo dei propri sentimenti, delle proprie sensazioni e dei pensieri, per comprendere perché stesse facendo quello che il suo prossimo – per esempio la moglie o il marito, i suoi conoscenti, il collega o la collega – pretendeva da lei. Non ha riconosciuto le proprie debolezze e si è lasciata programmare dal più forte.

Il debole vuole sempre rivalutarsi e per questo motivo accoglie volentieri gli aspetti del più forte; anche l'ego vuole essere rispettato, rafforzato e lusingato. Tutto questo spinge le persone a sottomettersi al più forte. Se il debole resta sottomesso, si trova sotto pressione. Di conseguenza, può succedere che cada nel vizio dell'alcool, del fumo o di altre cose simili oppure che si rivaluti tramite la sessualità con partner che non lo conoscono nel profondo. In questo modo si mostra forte con loro per nascondere la sua insicurezza, le sue debolezze e incapacità.

Raramente la colpa si trova solo in una persona. Nella maggior parte dei casi, sono coinvolte due o più persone, in particolare quando questo influsso reciproco coinvolge un gruppo di persone. Quindi, quando si manifesta una causa che riguarda l'anima disincarnata oppure una o diverse persone, dovranno soffrire sia l'anima nell'aldilà che l'uomo o gli uomini nell'aldiquà, in base alle costellazioni dei pianeti che li influenzano.

Quello che è stato immesso
nella legge causale
deve essere cancellato e trasformato

Cosa si deve fare?

Chi vuole comprendere almeno in minima parte queste correlazioni deve prestare attenzione al mondo dei suoi sentimenti, delle sue sensazioni e pensieri. In questi campi di vibrazione può riconoscere dove si trovano le sue debolezze più profonde, che eventualmente hanno provocato questi effetti.

Se le cause si trovano nelle incarnazioni precedenti, l'essere umano non riesce più a percepire nel mondo dei propri sentimenti, sensazioni e pensieri l'anima disincarnata a cui eventualmente è legato; a meno che l'uomo non si renda conto di quello che ha causato ad altre persone in incarnazioni precedenti e che ancora non è stato sistemato.

Se l'essere umano ne prende coscienza, può seguire la via per sistemare quello che ha causato. Ma dovrebbe farlo unicamente tramite il Cristo, e non rivolgendosi direttamente, come essere umano, all'anima disincarnata; infatti, così facendo, potrebbe attirare quest'anima disincarnata ancora più vicino a sé, soprattutto se essa è ancora vicina alla Terra.

È necessario che l'anima nell'aldilà perdoni l'uomo. Se non lo fa, la colpa dell'essere umano non può essere cancellata; in questo caso anche l'anima mantiene le proprie colpe. È come un grande recipiente in cui c'è dell'acqua che bolle; continua a bollire finché l'acqua non sarà completamente evaporata. Quello che rimane sul fondo del recipiente è quanto non è stato espiato. Questo residuo rimarrà fino a quando l'anima disincarnata non avrà perdonato.

L'anima sperimenta in immagini il dolore provocato dalle sue cause; vive e si muove in questa immagine, credendo che sia la sua vita. L'anima vede e sperimenta tutto sul suo corpo spirituale, vede perché ha influenzato una o più persone e con quali mezzi lo ha fatto. Essa poi soffre a causa di questi effetti. L'anima nell'aldilà ha determinate immagini e l'essere umano che vive nell'aldiquà fa esperienze analoghe a quelle dell'anima a cui è legato – per esempio a causa di disgrazie o malattie – dato che in entrambi si trovano più o meno le stesse debolezze, le stesse caratteristiche. Per questo l'anima deve chiedere perdono all'essere umano oppure questi all'anima, chiaramente tramite il Cristo.

Infatti, non è detto che i due possano raggiungersi per mezzo di impulsi; l'anima si trova nell'aldilà e l'uomo nell'aldiquà; quindi possono sistemare il loro legame solo attraverso il Cristo. Se non riescono a mettersi in contatto con i loro impulsi oppure a ottenere il perdono, allora il fuoco del peccato continua a bruciare nell'anima e l'uomo soffre a causa di quello che ha contribuito a causare. In questo caso, l'anima disincarnata dovrà aspettare finché l'anima o le anime, che si trovano ancora in veste umana, la raggiungeranno nell'aldilà come anime, oppure deve incarnarsi di nuovo, eventualmente nella famiglia o nella cerchia di parenti in cui si trovano queste cause.

È anche possibile che tutti coloro che si sono caricati di questa colpa si ritrovino come anime nelle sfere astrali e si incarnino nuovamente, per perdonarsi reciprocamente in veste umana o per scontare quanto hanno causato un tempo.

Per quanto riguarda il processo del perdonare, chiedere perdono e scontare le rispettive colpe esistono molte possibilità, in base a quello che è stato immesso precedentemente nella legge di semina e raccolta. Nessun'anima e nessun essere umano possono sfuggire alla rete di causa ed effetto. Quello che è stato immesso deve essere cancellato e trasformato in energia positiva. Nessuno può fare a mano di farlo.

Le energie causali della legge di semina e raccolta sono energie date in prestito da Dio, che gli esseri della caduta e gli uomini hanno trasformato a un livello inferiore, in energie della caduta. Chi si impiglia in questa rete cade e prima o poi deve rialzarsi, ovvero trasformare di nuovo l'energia divina che ha invertito, quindi elevarla, per poi poter entrare nel Regno di Dio. Solo allora il plasma che avvolge l'anima, e anche le colpe presenti nell'aura che scorre intorno all'essere umano, si sciolgono.

Lo Spirito eterno, Dio, pervade poi l'anima e l'uomo. L'anima pura – l'essere spirituale nell'aldilà oppure l'essere umano ricolmo di Dio nell'aldiquà – sono così nuovamente uniti a Dio. Solo così il corpo spirituale puro si trova di nuovo nella corrente dell'Universo eterno ed è consapevolmente l'essere in Dio.

Tutto è irradiazione.
L'aura dell'essere umano indica
con quali forze è collegato

Abbiamo letto che tutto è irradiazione, che a sua volta ha diverse frequenze che possono essere definite anche come ritmi. Poiché tutto è irradiazione, tutto l'Infinito è costituito da ritmi. Noi stessi determiniamo le traiettorie della nostra vita con il nostro modo di pensare e vivere che, come ogni cosa nell'Infinito, è composto da ritmi. Il nostro modo di pensare e di vivere costituisce la nostra coscienza; è la somma dei nostri schemi di comportamento. Con la nostra coscienza ci inseriamo nei ritmi vitali corrispondenti, nelle sfere in cui sono memorizzati i nostri schemi di pensiero, che a loro volta sono immagini.

Questi ritmi costituiscono le traiettorie di vita, chiamate anche ellissi. Il nostro stato di coscienza corrisponde quindi ai suoi rispettivi ritmi. Ogni ritmo – ogni ellisse – ha un determinato colore e un determinato suono. Di conseguenza, l'anima e l'essere umano sono corpi sonori. Ognuno risuona in base ai propri schemi di pensiero e, come anima e come essere umano, ha la forma e l'espressione corrispondente.

Come è in Cielo, così è anche al di fuori dell'eterno Essere, solo in una forma trasformata a un livello inferiore e modificata. Ritroviamo ripetutamente il numero sette: sette forze basilari, sette Cieli basilari e sette livelli che conducono all'eterno Essere. Abbiamo parlato anche di sette sfere: quattro sfere di purificazione e tre sfere di preparazione.

Tutto è ritmo e suono. L'eterno Essere è il suono più puro, assoluto, conforme alla Legge e al tempo stesso colore e forma purissimi, assoluti e conformi alla Legge. Questi sono i ritmi dell'Essere. Dato che tutto è racchiuso nel tutto, tutte le sette forze sono racchiuse l'una nell'altra. Perciò ritroviamo spesso anche il numero quarantanove, ovvero sette per sette, perché tutto è contenuto nel tutto.

L'eterno Essere è la Legge di irradiazione di Dio, l'Amore eterno. Sette volte sette grandiose sfere celesti ruotano seguendo traiettorie ellittiche intorno al Sole Centrale Primordiale, alla forza centrale della vita. Ogni ritmo, e quindi ogni sfera celeste, ha il colore e il suono corrispondente. Ne derivano sette volte sette sfumature di colore, sette volte sette suoni. Nel loro insieme, essi costituiscono la sinfonia dei Cieli, l'eterna Legge di irradiazione di Dio, che è Amore. Questa è la sinfonia, la Legge, Dio, nella quale vivono e si muovono gli esseri puri, dove hanno la loro esistenza; essi parlano quindi anche la stessa lingua, che è il ritmo dell'Universo.

Le sfere di purificazione, nelle quali si trova anche il cosmo materiale, e le tre sfere di preparazione verso l'Assoluto, sono costituite, come già spiegato, da sette per sette ritmi completi in se stessi, che si muovono su traiettorie ellittiche intorno a configurazioni solari. Queste costellazioni della caduta, nel loro insieme, si muovono intorno all'eterno Regno di Dio. I colori e i ritmi della relativa sfera corrispondono all'irradiazione della coscienza delle anime e degli esseri umani che, nella loro evoluzione e maturazione spirituale, si trovano sullo stesso livello della sfera di purificazione o preparazione. Nel corso della sua via che la conduce alla perfezione, l'anima passa attraverso tutte queste sfere e questi livelli e gradi. Lo stesso avviene nel processo di maturazione spirituale dell'uomo sulla Via Interiore.

Quello che prende forma nel macrocosmo avviene in modo corrispondente anche nel microcosmo, su di esso e in tutte le forme di vita. Sia l'essere umano sia tutte le forme di vita, gli animali, le piante e le pietre, irradiano le forze di coscienza che hanno sviluppato fino a quel momento, che scorrono intorno a loro ritmicamente e seguendo traiettorie ellittiche. Queste traiettorie ritmiche, che ruotano attorno alle anime, agli uomini e a tutte le forme di vita, vengono chiamate anche aura.

Riconosciamo, quindi, che lo stesso ordine che esiste nel grande esiste anche nel piccolo. Il microcosmo corrisponde al macrocosmo. Nel Cielo vige l'eterna Legge; il Cielo irradia e da questo hanno origine colori, forme, suoni e la melodia d'insieme, la sinfonia. L'essere umano crea la propria legge dell'ego tramite i suoi schemi di pensiero, dai quali deriva il suo comportamento. Tutte queste cose hanno origine da lui stesso, lo circondano sotto forma di vibrazioni e di forza, scorrono intorno a lui su traiettorie ritmiche ed ellittiche; questa è la sua aura, la sua irradiazione.

Lo stesso vale per tutte le forme di vita, con la differenza che esse irradiano forze prive di colpe, ovvero il livello della loro coscienza spirituale sviluppata fino a quel momento.

L'essere umano irradia, quindi, ciò che è buono, meno buono e malvagio. Si tratta comunque sempre di ritmi: ritmi celesti, i colori e i suoni celesti, oppure peccati. Come l'anima irradia, così risuona anche l'uomo: in modo positivo o negativo, armonioso, nobile e fine oppure disarmonico, aggressivo, lunatico, cioè scostante. L'aura dell'essere umano registra le forze con le quali è collegato e i colori e il suono dell'aura corrisponderanno perciò a queste forze; così è anche l'essere umano stesso.

Periodo di vita e periodo di morte dell'essere umano

Nella scuola di vita terrena abbiamo il compito di uscire dal labirinto dei nostri legami, dei nostri peccati. In questo ci aiuta lo Spirito del Cristo-Dio in noi, dandoci impulsi; e ci aiuta anche l'angelo custode, toccando la nostra coscienza, nonché l'energia della giornata che, tramite vari avvenimenti ed eventi, ci indica quello che dovremmo affrontare e sistemare oggi stesso.

Solo con una vita che compiace a Dio possiamo riuscire a liberarci dalle condizioni dovute ai pesi quotidiani; altrimenti ci impigliamo sempre di più nella legge di semina e raccolta, continuando a comportarci in modo errato e a peccare e dovremo sopportare ogni giorno pesi più grandi. Non c'è una soluzione intermedia. C'è soltanto pro o contro. Tutto il resto è autoinganno.

Chi non accetta queste indicazioni, che portano alla pace interiore, alla felicità interiore, alla salute e alla forza, a una vita positiva per il prossimo e con il prossimo, deve anche accettare e sopportare quello che egli stesso ha creato, il suo piccolo mondo, costituito dalla sua legge dell'ego, che gli rispecchia e gli porta giorno per giorno ciò che ha immesso nella sua anima.

Chi invece si sforza giorno per giorno e sistema quanto ha riconosciuto, compiendo quello che la vita gli rispecchia, non deve subire completamente determinate cause, perché ha già lavorato su di esse e le ha eliminate con il Cristo. Dovrà così subire gli effetti soltanto nella misura in cui è bene per la sua anima. Se gli accadono disgrazie, nonostante abbia sistemato e realizzato, significa che deve ancora imparare qualcosa da esse.

Quando ci accade una disgrazia, dovremmo riconoscerci e non lottare contro di essa, perché in questo modo combatteremmo contro noi stessi, rafforzando quello che, in fondo, abbiamo causato noi stessi e che ora ricade su di noi. Accettare la nostra disgrazia, tuttavia, non significa rimanere passivi e rassegnarci, ma trovare in essa la via per uscirne, la soluzione di ciò che ci ha portato in questa situazione. Eventualmente così riconosceremo il senso della nostra vita sulla Terra.

Accettando il destino e nel contempo riconoscendo qual è stata la causa che lo ha provocato, posta da noi stessi, troviamo già la via che può farci uscire da questa situazione.

Nell'aldiquà, la vita di ognuno è costituita da un periodo di vita e da un periodo di morte. Il periodo di vita di una persona può essere breve o lungo; può durare ore, anni o decenni. Dipende da quello che il singolo ha immesso nel computer causale nelle sue vite precedenti e che ora, in questa vita terrena, deve riconoscere per sistemarlo e adempierlo.

Nel corso del periodo di vita, ogni giorno viene mostrato alla persona ciò che dovrebbe sistemare in quella giornata, e non l'indomani. Quello che l'energia della giornata ci mostra oggi tramite il mondo delle nostre sensazioni e dei nostri pensieri, oppure tramite persone, avvenimenti e comportamento errati che riconosciamo, dovremmo sistemarlo oggi e non soltanto domani. Se oggi riconosciamo un aspetto, abbiamo oggi la forza per sistemare il nostro errore, il nostro peccato, seguendo la via del perdonare, del chiedere perdono, del riparare a quanto fatto nella misura del possibile, per poi non rifare più le stesse o simili cose.

Il periodo di vita racchiude quindi in sé le forze che ci permettono di agire rapidamente. Infatti, se oggi ci viene mostrato qualcosa, oggi abbiamo anche la forza per sistemarlo. Domani ci sarà di nuovo un'altra costellazione planetaria che irradia verso di noi e ci porta a riconoscere un altro spettro di aspetti, che dovremmo sistemare domani, ovvero nella giornata che per noi sarà l'"oggi". Abbiamo immesso questi aspetti negli astri e, tramite essi, ci viene rispecchiato quello che noi vi abbiamo memorizzato. Quello che ci accade ha in sé oggi la forza; vuole essere sistemato oggi.

Quanto più consapevolmente viviamo, tanto più abbiamo la chiarezza per riconoscere quello che viene irradiato verso di noi oggi e che dovremmo sistemare. Possiamo definire il periodo di vita anche come un periodo di flessibilità. In questo periodo possiamo sistemare i nostri peccati, perché il cervello è ancora flessibile, a meno che non abbiamo reso le cellule cerebrali inflessibili e rigide a causa delle nostre passioni.

Il periodo di morte, invece, può essere definito come periodo di inflessibilità, perché i programmi umani hanno raggiunto una certa rigidità, in quanto il corpo fisico deperisce sempre di più e la persona non è più in grado di cogliere tanti aspetti come durante il periodo di vita. Nel periodo di morte spesso avvengono le disgrazie più gravi. L'anima vuole liberarsi da quanto si è accumulato dentro di lei e che avrebbe dovuto scontare nel periodo di vita. Quanto più abbiamo sistemato durante il periodo di vita, tanto più tranquille e appagate saranno le nostre giornate nel periodo di morte.

Finché ci troviamo nel periodo di vita, possono subentrare molti momenti di pericolo o disgrazie che potrebbero condurci alla morte, di cui diciamo: "C'è mancato poco". Durante il periodo di vita possono presentarsi malattie o altre situazioni che sono di ammonimento per noi. Se non vi prestiamo attenzione, al termine del periodo di vita e nel periodo di morte dovremo soffrire molto per questo, oppure in una delle prossime incarnazioni verremo al mondo come persone malate, fragili o con handicap; oppure verremo colpiti dal nostro destino nel corso del prossimo periodo di vita. Potremo perdere eventualmente una gamba, un braccio, essere paralizzati, diventare ciechi o sordi, oppure dovremo subire altre disgrazie.

Non si può dire esattamente quando ha inizio il periodo di morte per l'essere umano, perché le colpe sono diverse per ognuno. Nel corso del periodo di morte l'anima può essere richiamata in qualsiasi momento: subito all'inizio, dopo un quarto o dopo un terzo del tempo, oppure solo alla fine. Questa "fine" è poi definitiva per quanto riguarda l'attuale vita terrena.

Sia che la persona, nella sua vita terrena, abbia dovuto subire le sue cause e i relativi effetti, sia che le siano capitate o meno disgrazie, quello che conta è solo come ha vissuto, quello che ha immesso nel computer causale, e quando quest'ultimo fa diventare attivo nell'anima quello che è memorizzato, a sua volta, anche in essa. Tutto questo non deve avvenire necessariamente in questa esistenza terrena; può darsi che il computer causale lo stimoli solo nelle future incarnazioni o lo irradi tutto insieme in un'unica incarnazione. Dipende, quindi, dalle diverse colpe e non dal momento in cui queste si manifestano.

Una cosa è certa: quando sopraggiungerà il momento della morte, passeremo dall'aldiquà all'aldilà. E poiché non esiste un'interruzione della vita, anche come anima saremo quello che eravamo come esseri umani.

Cambiando la sfera di esistenza, per noi l'aldilà sarà diventato l'aldiquà e la vita, vissuta un tempo quale essere umano, per l'anima sarà poi l'aldilà.

*Le traiettorie di vita ellittiche dell'anima
nel corso della sua vita terrena*

Nell'aldilà siamo un'anima senza corpo fisico. Dal luogo in cui si trova, dal proprio "aldiquà", l'anima guarda quello che per lei è "l'aldilà", la materia. Se è ancora legata all'esistenza umana a causa del suo errato comportamento, dei suoi desideri, delle sue passioni e cupidigie, essa porta ancora in sé programmi riferiti alla Terra. Se il computer causale le indica la via per una nuova incarnazione, viene guidata nella veste terrena da una traiettoria ritmica da essa prestabilita, nella quale è memorizzata quella parte delle sue cause che dovrebbe riconoscere e sistemare oppure scontare in una nuova incarnazione.

Ogni anima, che nel regno delle anime si prepara a una nuova incarnazione, vede dentro di sé il periodo di vita e quello di morte della propria esistenza umana sulla Terra; vede quali cause possono diventare attive nel periodo di vita e in quello di morte; vede anche la possibilità di eliminarle per tempo o di sistemarle velocemente – nel breve periodo della sua vita terrena – attraverso la sofferenza, la malattia o altre sciagure, cosa che non le sarebbe possibile fare in così poco tempo nel regno delle anime. Vede l'aiuto che potrebbe ricevere in veste umana e quello che potrebbe ricevere come anima, nel caso decidesse di rimanere nei regni delle anime. Ha la possibilità di vedere tutte le altre opportunità che le si offrono: per esempio, che in veste umana potrebbe incolparsi ulteriormente, a causa delle colpe che porta con sé, e diventa consapevole che queste nuove cause create comporterebbero ulteriori pesi, ovvero nuove sofferenze sulla Terra, da scontare in ulteriori incarnazioni. Vede anche la possibilità di liberarsi dalla ruota della rinascita, così come vede il pericolo di essere influenzata da anime con colpe simili alle cause attive in lei, o da gruppi di anime con interessi comuni, che influenzano gli esseri umani tramite determinati campi energetici.

Il periodo di vita e quello di morte sulla Terra dipendono dalle colpe che si trovano nell'anima e che possono diventare attive nel corso di questa incarnazione. L'irradiazione dell'anima è l'aura dell'uomo, che mostra anche il periodo di vita e quello di morte.

Può darsi che un'anima abbia memorizzato in sé anche un mandato divino. Tuttavia, se questo è ricoperto dai programmi delle colpe, l'anima deve prima scontare questi programmi, per poi poter riconoscere il proprio mandato e adempierlo per il Regno di Dio. Questi sono i compiti divini che ha portato con sé e che compirà in veste umana.

È anche possibile che l'anima abbia memorizzato programmi che ha assunto da forze sataniche o da anime appartenenti a gruppi di anime dagli stessi interessi. Queste forze poi la spingono a incarnarsi per eseguire quanto ha accettato di fare. Può darsi che, in una vita precedente, questi gruppi di anime dagli stessi interessi l'abbiano aiutata a raggiungere potere e ricchezze. In questo caso, essa deve restituire tutto fino all'ultimo centesimo, operando per le forze contrarie. Deve, quindi, restituire quanto le è stato dato in prestito in una vita precedente per poter realizzare i suoi desideri più forti come essere umano.

Pertanto, nella nostra esistenza terrena esistono solo due possibilità: o scegliamo la vita divina, sforzandoci di aspirare alle Leggi di Dio, all'amore altruistico, e di realizzarle oppure scegliamo il satanico, peccando ogni giorno in sensazioni, pensieri, parole e azioni, in moti e tendenze. Esistono solo queste due possibilità: o appartenere a Dio o alle tenebre. Il Cristo disse a senso: "O per Me o contro di Me" e "Non potete servire due padroni".

Nel momento in cui l'anima si incarna, il piccolo abitante terreno entra in una traiettoria ellittica prestabilita nella sua anima. Una traiettoria ellittica è un potenziale di irradiazione che influenza o irradia l'essere umano, fino a quando non verrà guidato su un'altra ellisse dal computer universale o dal computer causale; passerà così in un altro potenziale di irradiazione, dove, influenzato da queste altre forze, continuerà a vivere e operare in modo corrispondente.

Il computer universale, che è la Legge eterna dell'Infinito, irradia direttamente nell'anima e nell'essere umano attraverso il nucleo centrale incorruttibile. Il computer causale, invece, agisce sull'anima attraverso l'irradiazione dell'uomo e poi dall'anima, a sua volta, sull'uomo.

La traiettoria ellittica prestabilita per il piccolo corpo terreno può essere determinante per alcuni anni terreni, fino a quando il bambino in fase di crescita non verrà guidato su un'altra ellisse dalla Legge di irradiazione dell'Universo.

Quando avrà raggiunto il grado di maturità che gli permette di distinguere il bene dal male, ha inizio in modo intenso il decorso della vita dell'anima incarnata. Nel corso dell'esistenza terrena, man mano che la persona è in grado di assumersi la responsabilità per la propria vita, essa determina anche quale direzione darà alla sua vita futura. È il momento in cui prende decisioni fondamentali per la propria vita: rivolgersi verso il materialismo o aspirare verso la sorgente di Luce, verso Dio.

Quello che conta è il modo in cui la persona percepisce, pensa, parla e agisce. Con gli strumenti delle sue sensazioni, pensieri, parole e azioni, essa determina la rotta della propria vita. In base alle decisioni che prende, si recherà su una determinata ellisse oppure resterà per tutta la sua vita terrena sull'ellisse della sua nascita. Questo verrà determinato, ancora una volta, dal suo modo di pensare e di vivere.

Teniamo presente che tutto quello che l'essere umano irradia, sia in senso positivo sia negativo, penetra nella sua anima e viene memorizzato nel computer universale o in quello causale. Pertanto, ogni anima e ogni essere umano si trovano costantemente sotto l'irradiazione che essi stessi hanno immesso. Quello che la persona trasmette lo riceve e queste forze la guideranno, o la sposteranno, da un'ellisse all'altra.

Alcune persone non passano quasi mai da un'ellisse all'altra; passano o saltano da una sottoregione all'altra della stessa ellisse, per ritrovarsi infine nella medesima ellisse sulla quale sono nate, dove l'anima era entrata al momento dell'incarnazione.

Questo significa che l'anima in veste terrena, l'essere umano, si è soffermata in una sfera vitale molto ristretta e in questa ellisse non ha scontato quasi nulla, ma si è piuttosto incolpata ulteriormente. In questo caso, si può dire che l'essere umano non ha sfruttato la sua vita sulla Terra. Con il suo comportamento si è soffermato su un'ellisse, in una determinata traiettoria con le sue sottoregioni, con le sue sotto-ellissi e, comportandosi così, ha creato ulteriori cause, che eventualmente sono passate in altre ellissi e non sono ancora diventate attive.

Se queste cause non sono ancora diventate attive o se altre cause attive sono state circoscritte a causa di eventi esteriori che l'hanno impedito, una tale persona potrebbe stare bene per tutta la sua vita e vivere a lungo. Tuttavia, con il suo modo di pensare e di vivere, ha soltanto rimandato l'espiazione delle sue colpe a un'altra o a ulteriori incarnazioni.

Nel profondo di ogni anima si trova il nucleo centrale incorruttibile, chiamato anche scintilla divina, che mantiene l'anima come corpo spirituale e tiene in vita l'essere umano. Come gli astri girano attorno al Sole, anche l'essere umano segue la propria traiettoria di vita intorno al nucleo centrale, a Dio, alla scintilla divina. In base alle sue colpe, l'anima è luminosa, e quindi più vicina alla scintilla divina, oppure ne è ancora lontana.

Se la persona non si evolve spiritualmente o si evolve solo in parte, non può passare a un'ellisse che vibra a un livello superiore, che la condurrebbe più vicino a Dio, alla Luce interiore, alla scintilla divina. Rimane quindi sulla traiettoria ellittica in cui l'anima che si è incarnata, l'essere umano, è entrato al momento della nascita; oppure l'anima e l'uomo cadono in ellissi più esterne, allontanandosi ancora più da Dio, a causa dei loro peccati.

Se la persona, passando di ellisse in ellisse, si avvicina a Dio, entra nell'irradiazione di grazia di Dio. Dio, la Luce interiore, guida poi l'anima e l'uomo. In questo caso, se è bene per l'anima, la grazia potrà anche allungare il periodo di vita, dato che in particolare in questo periodo nell'anima e nel corpo fisico affluiscono maggiori forze vitali. Tramite l'irradiazione della grazia si accorcia quindi il periodo di morte.

Nel periodo di morte le forze vitali si ritirano lentamente, per preparare l'anima all'aldilà. Se la persona si trova nell'irradiazione della grazia, l'anima ha bisogno soltanto di pochi anni terreni per ritirarsi lentamente dal corpo.

Nel caso di un'anima molto incolpata, invece, che si allontana sempre di più da Dio, dalla vita interiore, il periodo di morte può durare dieci, venti anni o ancora di più. Se la persona ha sprecato la propria vita terrena, considerando solo la materia come criterio per valutare ogni cosa, proprio nel periodo di morte, come abbiamo già spiegato, in lei possono diventare attive numerose cause e potrà soffrire molto sotto la pressione degli effetti che si manifestano sotto forma di malattie, disgrazie, sofferenze e molto altro ancora.

La morte, il decesso di ogni essere umano, avviene in modo del tutto individuale, in base alle colpe dell'anima e alle cause attive presenti, in base alla loro gravità e alla misura in cui fuoriescono. Ogni persona, quindi, muore in modo diverso. Per questo motivo non possiamo dire di più in merito al decesso.

I pericoli nei quali l'anima incorre in veste terrena sono numerosi. Tuttavia, se la persona riesce a entrare nell'irradiazione della grazia di Dio, in veste terrena avrà, in egual misura o in misura superiore a questi pericoli, anche la possibilità di scontare in breve tempo quello che per l'anima sarebbe possibile solo in lunghi cicli.

Se l'essere umano cade sempre più in basso, perché pone ulteriori cause gravi, ed esce fuori di sé a causa di aggressività, odio, orgoglio o disprezzo del suo prossimo, la sua anima non sarà più nel proprio corpo, o perlomeno non completamente. Comportandosi in questo modo, egli mette automaticamente i suoi programmi di vita a disposizione di altre forze che lo dominano e che – a seconda delle anime o dei gruppi di anime con interessi comuni che stanno dietro di lui – si serviranno di lui fino a quando non disporrà quasi più di energia vitale o finché, come persona, non sarà più interessante per loro.

I gruppi di anime con interessi comuni – che in genere agiscono tramite campi energetici – oppure anche singole anime che influenzano direttamente gli esseri umani, cercano continuamente di manovrare la loro vittima, facendola passare su un'altra ellisse. Questo modo di procedere è basato su un piano molto sofisticato di quelle anime che si sono impossessate di un corpo terreno per compiere qui sulla Terra quello che non poterono più fare quando erano in veste terrena. Esse manovrano la loro vittima in base ai propri scopi, senza rispettare né il periodo di vita né quello di morte. Se, per esempio, nell'ambito del periodo di morte esistono delle linee di separazione tra l'anima e l'essere umano – ovvero delle fasi in cui potrebbe avvenire il decesso che potrebbero diventare attive, in base a come la persona ha vissuto – questi gruppi di anime con interessi comuni, che tengono il corpo di un essere umano sotto il loro dominio, possono influenzarlo in modo che passi al di là di queste fasi che potrebbero comportare un decesso, per poter continuare a servirsi del suo corpo.

I gruppi di anime con interessi comuni, che si sono impossessati di un corpo, possono anche condurre la persona su un'altra strada, prima che in lei si manifestino effetti di cause che ha posto e che ora ricadrebbero su di lei. Immettendo più intensamente le loro cosiddette "iniezioni" nelle comunicazioni e nei processi che avvengono tra le colpe dell'anima e il computer causale, fanno in modo che l'essere umano, senza rendersene conto, passi su un'ellisse corrispondente a un'altra colpa. Così vengono aggirate quelle cause che avrebbero manifestato i loro effetti e avrebbero impedito al loro strumento, alla loro vittima, di operare per loro, per esempio a causa di una malattia.

Questi interventi nel processo della vita di un essere umano possono spingerlo in ellissi che lo allontanano sempre più dal Divino. Gruppi di anime con interessi comuni possono perciò manovrare l'uomo in modo che passi su un'altra traiettoria ellittica, poco prima di essere colpito da una causa. In questo modo l'essere umano continua a stare bene e le anime possono ancora usarlo per i propri scopi.

Esistono, quindi, gruppi di anime con interessi comuni che conoscono i princìpi della legge di semina e raccolta, che sanno anche come funzionano le traiettorie ellittiche e in che modo possono influenzare gli uomini che si sono votati al negativo o che continuano a compiere gli stessi peccati in malafede. Tramite queste persone che si lasciano influenzare, essi poi perseguono i propri interessi nel mondo.

Ripetiamo: con le iniezioni immesse nelle comunicazioni esistenti tra i programmi dell'anima e il computer causale, queste anime manovrano l'essere umano così abilmente da riuscire a fargli abbandonare continuamente in tempo l'ellisse su cui egli si muove, prima che vi si manifestino delle cause. Può anche succedere che una tale persona sia sana e abbia successo nella sua vita terrena, senza subire gravi malattie, sofferenze o preoccupazioni, tranne alcuni disturbi che dovrebbero servirle da ammonimento.

Queste anime immettono, quindi, le cosiddette "iniezioni" di energie negative in modo che l'anima e l'essere umano si spostino poi su un'altra traiettoria ellittica.

Esse immettono queste iniezioni nel flusso dei programmi, nelle comunicazioni, servendosi degli "strumenti" dell'uomo, delle sue sensazioni, pensieri, parole e azioni, oppure influenzando le sue passioni, i suoi desideri e altre cose del genere. In questo modo la persona inizia a pensare, parlare e agire in un determinato modo o a lasciarsi andare alle passioni, come la sessualità, l'alcoolismo, l'ingordigia e molte altre cose. Così facendo, l'anima e l'uomo passano a un ritmo fisico più basso, corrispondente a queste vibrazioni. Entrano in una vibrazione depressiva o di agitazione. Di conseguenza, l'anima e l'uomo passano su una traiettoria ellittica corrispondente, su un altro livello di vibrazione.

I gruppi di interessi comuni dell'aldilà adottano innumerevoli varianti per influenzare le persone e per intervenire, come descritto, nella vita personale di un essere umano. In genere, un essere umano non sa di essere succube di una tale manipolazione. Spesso, solo dopo la morte del corpo l'anima si rende conto di essersi incolpata e di avere nel contempo stretto un patto con le forze negative, di averle servite e, molte volte, di essersi anche impegnata a continuare a servire queste forze negative.

Nei mondi astrali esistono numerosi gruppi di anime con interessi comuni, che agiscono in questo mondo attraverso persone che sono loro succubi. Si tratta di gruppi di anime con interessi comuni che, in veste umana, per esempio erano scienziati e che, dal regno delle anime, continuano a influenzare persone simili a loro.

Lo stesso vale per altri gruppi di anime con interessi comuni, come quelle che appartenevano alle varie confessioni e gruppi di fede e ora influenzano quelle persone che operano sulla Terra in veste di autorità, nell'ambito delle stesse confessioni e gruppi di fede. Così facendo, hanno la possibilità di continuare a influenzare molti fedeli che seguono il loro insegnamento esteriore.

Esistono gruppi di anime con interessi comuni che un tempo operavano come uomini in posizioni di guida all'interno dei governi. Ora influenzano i governanti dei singoli stati che hanno un'antenna ricettiva per queste cose.

Esistono anche gruppi di anime con interessi comuni che un tempo erano, per esempio, medici e che influenzano a loro volta determinati gruppi di medici, ovvero di uomini.

Ci sono inoltre gruppi di anime con interessi comuni composti da ex-comandanti militari, che operarono nelle diverse guerre e ora influenzano uomini che si trovano in posizioni di prestigio, per fomentare eventualmente con abilità guerre più o meno grandi.

Esiste, dunque, un gran numero di gruppi di anime con interessi comuni che perseguono i propri interessi e operano secondo la propria volontà in questo mondo, attraverso persone che vivono su questa Terra.

Sia che si tratti di gruppi di anime con interessi comuni o di singole anime che influenzano delle persone, hanno tutti la stessa meta: raggiungere sulla Terra, servendosi di persone, quello che non sono riuscite a ottenere nelle incarnazioni precedenti oppure, se si tratta di singole anime, soddisfare i propri desideri e le proprie passioni attraverso altre persone, o ancora stimolarle a essere stressate, aggressive, invidiose, ad avere sentimenti di inimicizia, a litigare e a comportarsi in modo che esse possano ottenere energia negativa per sé.

Lo stato dei demoni dispone di giganteschi depositi di energia negativa, che viene impiegata in modo ben mirato per sfruttare gli esseri umani per i suoi scopi. Sono sempre le sensazioni, i pensieri, le parole e le azioni negativi dell'uomo, le passioni molto forti e i desideri, l'invidia, le liti, la discordia, la gelosia o l'orgoglio che fungono da stazioni trasmittenti e riceventi, che permettono alle anime di influenzare e manovrare l'uomo e di prenderne possesso.

Ognuno decide da sé se vuole esporsi a queste forze oppure se vuole rivolgersi allo Spirito di Dio, adempiendo i Comandamenti dell'amore e realizzando, passo per passo, le istruzioni date nel Discorso della Montagna.

Ogni persona ha il libero arbitrio per decidersi per ciò che è buono, meno buono o malvagio. Se si decide per il bene, si avvicina al nucleo centrale, alla scintilla divina. Dio, la Luce eterna, assiste poi sempre più sia l'anima sia l'essere umano, perché questi si rivolge a Dio. L'anima e l'uomo non devono così scontare determinate cause lungo il cammino della propria vita, dato che l'Eterno trasforma le negatività che la persona Gli rimette per tempo, grazie a un modo di vivere puro dell'anima e dell'uomo.

Ogni persona determina da sé la propria vita terrena. Ogni decisione ha le proprie conseguenze: portano al positivo, verso il Divino, oppure allontanano dalla corrente della vita eterna, portando verso i lati umani, gli aspetti contrari alla Legge.

Quello che ho appena descritto riguarda l'anima e l'essere umano nell'aldiquà e l'anima nell'aldilà. Ci troviamo nell'aldiquà solo per un certo periodo di tempo, per un certo numero di anni. Dal momento della nascita, fino alla cosiddetta morte, dovremmo prepararci a una vita luminosa nell'aldilà.

La legge del karma: raccogliamo quello che abbiamo seminato.
Negli attimi della giornata abbiamo l'opportunità di sistemare le cose

Abbiamo già spiegato che tutto è coscienza. Quindi anche la nostra anima, il corpo spirituale incarnato, è coscienza. La coscienza spirituale è costituita dalle innumerevoli sfaccettature della Vita Interiore. Si tratta degli aspetti di coscienza che costituiscono la parte spirituale nei regni naturali, negli astri dell'Infinito e nel nostro prossimo. Tutti questi aspetti della coscienza comunicano tra loro, poiché il simile è in costante comunicazione con il proprio simile.

Se nella nostra anima alcuni aspetti o sfaccettature della coscienza sono offuscati dal peccato, la persona non riesce a percepire questi aspetti puri.

Se queste cause, che offuscano l'anima, vengono messe in moto dal computer causale, iniziano a diventare attive ed entrano più intensamente in comunicazione con tale computer. Queste cause attive poi agiscono anche nel corpo fisico e su di esso. L'anima, il microcosmo, comunica poi con i programmi delle sue stesse cause, memorizzati negli astri. Solo il nucleo centrale incorruttibile dell'anima resta in comunicazione con il macrocosmo, con l'Essere puro.

L'anima perde energia in base alle sue colpe. Dato che tutto è coscienza, anche tutti gli elementi del corpo fisico, le cellule, gli organi, i vasi sanguigni ecc. sono coscienza; se non ricevono più forza vitale spirituale a sufficienza, ovvero il soffio dell'Universo, perché la persona si è allontanata da Dio a causa dei suoi peccati, le cellule e gli organi del corpo si impoveriscono di energia.

Quindi, se il microcosmo, ossia l'anima incarnata, non è in armonia con il macrocosmo, con l'Essere puro, essa non è più in grado di fornire energia a sufficienza al corpo fisico. Di conseguenza, alcune parti del corpo si ammalano.

Malattie, incidenti, disgrazie e molte altre cose possono condurre alla morte del corpo, ma non alla morte dell'anima. L'anima, il microcosmo nel macrocosmo, è immortale; continua a vivere. Come? Ogni persona lo determina da sé con la propria legge personale, con la legge dell'ego, chiamata anche legge del karma. Quindi, quello che l'uomo semina lo raccoglie. L'essere umano continuerà a raccogliere quello che ha seminato, le proprie cause, in tutta la sua portata, finché non avrà sciolto i conflitti, i problemi che hanno provocato queste cause, per poi inserirsi nelle Leggi cosmiche che sono proprie del suo corpo spirituale puro.

Se gli aspetti che l'anima ha portato con sé dalle incarnazioni precedenti nella sua attuale esistenza e le cause che ha posto nel corso di questa vita sono attivi, l'essere umano deve scontarli. Perciò la legge di causa ed effetto, la legge del karma, viene chiamata anche legge di compensazione. Non è il prossimo a dover scontare quanto ho causato, ma soltanto io devo scontare quello che ho causato. Il mio prossimo non può causare nulla che agisca in me e su di me.

Sono sempre io che creo le mie cause. Il mio prossimo può solo contribuire al fatto che io crei o ingrandisca queste cause, ma anche in questo caso ci deve essere un magnetismo in me che attira quello che trasmette il mio prossimo. In questi casi, la persona coinvolta sarà corresponsabile per la mia colpa; ma porterà solo la sua parte di colpa, non la mia.

L'uomo deve confrontarsi con le stesse cause, cioè con problemi, pensieri, desideri e passioni, fino a quando non scioglierà questi aspetti contrari alla Legge con lo Spirito del Cristo-Dio, con la Luce Interiore, liberandosi così dalla ruota della rinascita.

Tutte le nostre sensazioni, i nostri pensieri, le nostre parole e azioni attendono soltanto di manifestarsi di nuovo a noi. Questo può avvenire con l'insorgere di problemi, difficoltà e malattie, o attraverso sofferenze, preoccupazioni e molto altro. Quello che è ancora attaccato a noi e ci occupa preme, affiorando nel mondo dei nostri pensieri: ne parliamo, ne discutiamo e, in questo modo, ogni volta diamo spazio ed energia a quello che non è stato superato. Continuerà così fino a quando non nutriremo più questi complessi, con pensieri dello stesso tipo o analoghi, ma bloccheremo le comunicazioni, sciogliendo i programmi con lo Spirito del Signore e rivolgendoci così verso la Legge cosmica dell'armonia, dell'amore, della pace, della salute, della sapienza e della forza.

Noi quindi abbiamo creato il nostro mondo, il nostro mondo del bozzolo, nel quale ci siamo avvolti. Esso è costituito dalle nostre sensazioni, pensieri, parole e azioni, dalle nostre passioni e desideri. È la legge dell'ego che ci siamo creati e che, nell'ambito della ruota della rinascita, della legge del karma, forma una o varie sfaccettature che ci appartengono. Per questo motivo, siamo noi che portiamo la piena responsabilità per la nostra sorte, per la nostra malattia, per le nostre sofferenze e pene.

Per quanto ci ribelliamo a questa verità, dobbiamo sopportare quanto abbiamo seminato, a meno che non lo sistemiamo in tempo. A questo scopo ci è di aiuto l'energia della giornata, ovvero gli impulsi della giornata che ci vengono rispecchiati tramite avvenimenti, persone, dai pensieri e dai sentimenti. Noi stessi siamo quindi responsabili per la nostra vita.

Per questo non potremo mai dare al nostro prossimo la colpa per i nostri problemi e le nostre malattie. E tanto meno possiamo darne la colpa solo ai batteri o parlare del caso. In tutto l'Infinito non esiste il caso. Tutto è comunicazione e quindi attrazione.

Ogni giorno che ci viene dato in veste umana racchiude nel contempo la possibilità di cambiare. Ogni giorno ci presenta anche aspetti che ci permettono di prendere visione di quello che abbiamo immesso nel computer causale, nella ruota della rinascita, affinché possiamo riconoscerlo e sistemarlo in tempo.

Se non utilizziamo l'opportunità che ci si presenta, i numerosi attimi preziosi della giornata, spesso ci sembrerà di essere oppressi da pensieri, da teorie e da persone. In realtà, veniamo oppressi da quello che siamo noi stessi, dalle nostre cause registrate nel computer causale. Gli aspetti della giornata ci fanno soltanto vedere quello che siamo noi stessi e che dovremmo riconoscere e sistemare oggi stesso.

Se non viviamo nell'attimo, perché ci stiamo occupando di cose futili, forse del nostro passato o del futuro, non utilizzeremo le numerose possibilità che la giornata ci presenta. Anzi, al contrario, ingrandiremo i problemi e le difficoltà con le stesse sensazioni, pensieri, parole o azioni, oppure aggraveremo la malattia lamentandocene, compiangendoci; così facendo, peggioreremo la nostra sorte. L'anima magnetica registra tutto quello che emettiamo, che poi ritorna di nuovo nell'anima e nel computer causale.

Il decesso.
Il cammino dell'anima nelle sfere
dell'aldilà che corrispondono al suo livello

Durante il periodo di morte, l'anima, il corpo di sostanza non del tutto sottile, comincia a staccarsi poco alla volta dal corpo fisico, in modo quasi impercettibile per noi. Quando infine si avvicina l'ora della nostra morte, l'anima si stacca dal corpo terreno e, quando il respiro dell'essere umano si ferma, si sfila poi completamente dal corpo e si allontana dalla Terra, dall'aldiquà che ora è diventato per lei l'aldilà.

L'anima abbandona il mondo materiale, la Terra, solo per andare nelle sfere di purificazione, o per salire in sfere più luminose, se le ha dischiuse dentro di sé. Invece, resta nel mondo materiale se è ancora attaccata alla vita terrena, se c'è qualcosa che non ha non perdonato o se aspira al benessere e ai piaceri che la legano alla materia.

Se la morte fisica subentra in modo naturale, perché il corpo si indebolisce sempre di più – e non a causa di un incidente mortale improvviso – alcune ore prima, o solo alcuni minuti o attimi prima del decesso, alla persona è data la possibilità di vedere il cosiddetto film della sua vita. Infatti, quando l'anima sta per abbandonare il corpo terreno, si stacca poco a poco dal suo involucro terreno; e anche il subconscio e alcune colpe dell'anima cominciano a diventare attivi: da questi risulta il film della vita.

Nel film della vita – nelle immagini – l'anima e l'essere umano riconoscono situazioni che possono ancora sistemare ora, in pensieri o forse perfino in parole. L'anima e l'uomo vedono molto da vicino le situazioni che si presentano nella sequenza di immagini; le vivono come se fossero reali; come se quello che era successo un tempo, e non è stato ancora sistemato, avvenisse in quel momento.

Le situazioni cominciano a diventare vive nell'anima e nell'uomo, come se i fatti stessero accadendo in quell'istante. Alcuni aspetti di queste situazioni cominciano a turbarlo andando a toccare l'animo della persona, che inizia a respirare in modo pesante, a volte spalanca gli occhi e la sua mimica si trasforma. Forse comincia a gesticolare o cerca di dire qualcosa. Allo stesso tempo, sente un aiuto invisibile che le comunica che è sufficiente sistemare in pensieri quello che ora ha riconosciuto, dato che non è più in grado di parlare e agire.

Se l'anima e anche l'essere umano sono desti e orientati su Dio e sistemano di tutto cuore pentendosene, negli ultimi attimi dell'esistenza terrena possono essere scontate molte cose. Il presupposto però è che, nel caso sia coinvolto il nostro prossimo, anche questi sia disposto a perdonare di cuore. Se non è così, l'anima continuerà a essere legata a queste cause e all'anima della persona che non l'ha ancora perdonata.

Per questo è importante che ognuno si esamini prima di parlare e di agire. È facile dire qualcosa che provoca un litigio. Le parole possono essere come spade che trafiggono l'animo di una persona. Se, in seguito a questo, l'ego dell'uomo si ribella, cominciando a darsi delle arie, tutto questo può creare una concatenazione di cause.

Se la persona accetta la sua morte fisica, se si è preparata ad essa durante la sua vita terrena, nelle ore del decesso sperimenta in modo consapevole la grazia di Dio. L'anima che si sta sciogliendo dal corpo e l'essere umano vivono così in piena consapevolezza questo film della loro vita. Fino a quando il respiro terreno pervade ancora ampiamente il corpo, l'anima e l'uomo osservano con tranquillità quello che dovrebbero sistemare. Ricevono anche la forza e la possibilità di sistemare queste cose, mentre sono ancora in uno stato di piena coscienza. La grazia del Signore dà la possibilità alla persona di richiamare e di sciogliere, in pensieri e in parole, quello che ha riconosciuto, nella misura in cui può ancora avvenire secondo la legge di semina e raccolta.

Nelle nostre ultime giornate terrene e anche nelle nostre ultime ore, cioè poco prima della nostra morte terrena, ci rendiamo conto solo di quel tanto che potremmo superare.

Ogni aspetto di cui diventiamo consapevoli, anche nell'ora della morte, porta con sé la forza per sistemare quanto si è riconosciuto, perdonando, chiedendo perdono e, se è ancora possibile, riparando al male fatto. Dipende soprattutto da come la persona ha pensato e vissuto, se l'anima e l'uomo riescono ad afferrare queste percezioni.

Nel corso di tutta l'esistenza terrena, fino al momento in cui gli occhi si chiudono e l'anima continua a respirare senza corpo terreno, il mondo divino dà molti aiuti all'essere umano. Dopo la morte del corpo, gli aiuti che il mondo divino dà all'anima continuano, però in modo diverso; infatti, nelle sfere di purificazione c'è solo la possibilità di espiare, e non di dare prova di se stessi, come sulla Terra.

Fino all'ultimo respiro, quindi, abbiamo la possibilità di sistemare determinate negatività di cui diventiamo consapevoli, liberandoci così da questi pesi. La nostra anima porta con sé nell'aldilà tutto quello che non abbiamo sistemato e, con questo fardello, potrà raggiungere soltanto quella sfera che corrisponde al suo stato di coscienza, dalla quale viene attirata.

Ogni persona pertanto determina da sé se l'aldilà diverrà per lei il paradiso o l'inferno. Ogni anima sperimenta le proprie immagini, quello che ha creato con gli strumenti delle sue sensazioni, pensieri, parole e azioni. Essa continuerà a vivere in queste immagini che, in base a ciò che ha immesso dentro di sé e nel computer causale, le porteranno gioia o dolore.

L'anima si ritroverà con altre anime che portano in loro immagini di situazioni uguali o simili. Ogni anima vede se stessa e il proprio ambiente nell'aldilà, in base alle immagini che ha creato con il mondo delle sue sensazioni e dei suoi pensieri, con le sue parole e le sue azioni. L'anima non può sfuggire a queste immagini, che sono simili a quelle dei sogni. In tutto l'Universo non c'è alcun nascondiglio per sfuggire a quello che rispecchiano le proprie immagini. Non c'è neanche una pastiglia, che possa alle-

172

viare o elimini i dolori che quest'anima ha fatto subire ai suoi simili quand'era in veste umana e che ora deve subire e soffrire lei stessa.

Quello di cui ci occupiamo come esseri umani ci circonda quando siamo in veste umana e anche come anime. Il nostro piccolo mondo si trova qua e là. Portiamo tutto quanto con noi, la luce e le ombre, quello che abbiamo creato quando eravamo esseri umani.

Se la persona ha utilizzato le giornate terrene, se ha scontato e sistemato ampiamente le sue precedenti incarnazioni, se ha vissuto ogni giorno consapevolmente, impegnandosi nell'adempiere le Leggi dell'Universo, le Leggi cosmiche dell'amore, dopo la morte del suo corpo l'anima andrà in sfere di irradiazione luminose e fini, e vivrà con gli esseri luminosi con i quali era già collegata quando era in veste umana.

L'anima ottenebrata, invece, dovrà passare davanti a coloro che l'accuseranno incriminandola e accusandola per come si è comportata quando era un essere umano; l'aggrediranno, la ossessioneranno e perseguiteranno interiormente, la minacceranno procurandole pene infernali, poiché essa ha portato con sé il suo inferno.

Quando l'uomo avrà esalato l'ultimo respiro, l'anima luminosa verrà accolta da esseri di Luce, mentre l'anima ottenebrata sarà attesa da figure tenebrose che forse si sono servite di lei per i loro scopi durante la sua esistenza terrena come essere umano, e che ora vogliono servirsene di nuovo, eventualmente in una successiva incarnazione.

Un'anima luminosa vivrà in un ambiente luminoso e bello, in un paesaggio altrettanto bello e armonioso quanto lo erano le sensazioni, i pensieri, le parole e le azioni luminose dell'essere umano. Un'anima cupa e oscura si imbatterà soltanto in cose oscure. Il paesaggio che circonda una tale anima sarà altrettanto desolato, quanto lo erano i suoi strumenti in veste umana, cioè le sue sensazioni, i suoi pensieri, le sue parole e azioni.

L'aldilà, quindi, è costituito da sfere oscure di orrore, sofferenza e pena interiore, ma anche da alture luminose, fini, con splendidi paesaggi i cui colori sono un incanto di armonia e sinfonia.

Nell'aldilà comunichiamo come nell'aldiquà, ma non abbiamo le parole degli uomini. Nella maggior parte dei casi, prima avviene solo un cosiddetto scambio di sensazioni e pensieri, che si svolge in immagini. L'anima sa comunque cosa le viene detto, perchè corrisponde al suo stato di coscienza.

Tutto quello che percepiamo da anima si ripercuote direttamente su di noi, sul corpo dell'anima. Vediamo tutto in immagini, viviamo in esse e percepiamo anche quanto le immagini ci trasmettono. Il linguaggio altruistico delle immagini ci edifica e ci guida sempre di più nel profondo delle Leggi della vita. Anche gli angeli istruttori operano attraverso il nostro linguaggio figurato e ci istruiscono in base al nostro stato di coscienza. Quello che essi ci trasmettono, lo vediamo e lo sperimentiamo dentro di noi, nel corpo della nostra anima. Nel contempo percepiamo e sentiamo quello che essi ci comunicano.

L'anima orientata su Dio percepisce il magnifico linguaggio di luce degli esseri puri, lo sente come qualcosa di edificante, che la conforta e la guida verso il grande Essere, al quale anela l'anima luminosa.

L'anima ottenebrata, invece, che porta in sé le parole cattive scagliate contro i suoi simili quando era un essere umano, percepisce e sente in immagini queste cattiverie, le sente nel suo corpo dell'anima e su di esso; si ripercuotono su di lei come dolore e sofferenza, e l'anima si sente come si sono sentiti i suoi simili, quando li ha trattati in modo analogo.

Le anime che, quando erano in veste umana, hanno vissuto con un modo di pensare, parlare e agire satanico sono generalmente anime legate alla Terra. Si aggrappano a persone che parlano il loro linguaggio. Se una persona si lascia influenzare – perché ha tendenze analoghe a quelle dell'anima che si serve di lei – porta in sé anche una parte delle sensazioni e dei pensieri negativi di quest'anima. La cattiveria già esistente nella persona soggetta a questo influsso, la sua insistenza e il suo volere si rafforzano a causa di questo influsso, ed essa diventa ancora più aggressiva e ostile di quanto lo era prima.

In questo modo, le anime legate alla Terra possono vivere per lungo tempo le loro tendenze umane. Soltanto quando nell'anima legata alla Terra diventano attive contemporaneamente più cause, essa viene scaraventata fuori dalla sua traiettoria di vampiro e scagliata in quella sfera di coscienza che costituisce per lei l'inferno, poiché essa porta in sé l'inferno. L'anima soffre a causa del linguaggio e delle proprie azioni, di tutto quello di cui si è caricata quando era in veste umana.

Un'anima che esercita un influsso su esseri umani non deve scontare quello che fa, perché un'anima legata alla Terra vive come in un sogno, nel suo mondo di immagini, e non può gravarsi di colpe. L'essere umano, invece, si espone volontariamente agli influssi nel momento in cui si allontana coscientemente dalle Leggi divine, dai Dieci Comandamenti che sono estratti della Legge divina. Solo adempiendo queste Leggi può essere protetto da simili influssi.

Dovremmo sapere che l'aldilà, dove vivono le anime, è un luogo di espiazione, mentre la Terra, sulla quale vivono gli esseri umani, è una sfera dove la persona può dare prova di se stessa e può anche espiare. Nell'aldilà, invece, l'anima non può dare prova di sé nella misura in cui è possibile sulla Terra. Può ottenere il perdono, pentendosi, ma non può più rimediare al male fatto realizzando le Leggi e trasformando le negatività in una vita conforme alla Legge.

Vediamo perciò quanti pericoli, ma anche quante possibilità, esistono sulla Terra. Entrambi, i pericoli e le possibilità, sono vicinissimi: luce e tenebre; il Salvatore, il Cristo, e il demone.

La vita e l'evoluzione dell'anima
nei mondi dell'aldilà.
Le anime legate alla Terra

L' aldilà, le sfere di purificazione e di preparazione, sono costituiti da sostanza più o meno raddensata, da sostanza spirituale trasformata a un livello inferiore, che può essere più o meno densa e che chiamiamo, genericamente, sostanza non del tutto sottile. Nella loro vibrazione, queste sfere e forme sono identiche alle anime che vi abitano. Per l'anima sono la "realtà", come lo è la materia per l'essere umano.

Come lo Spirito di Dio offre agli uomini vari livelli di istruzione sulla Terra, in modo che le anime e gli uomini possano evolversi e raggiungere gradi di coscienza più elevati e l'anima possa passare in sfere di vita superiore, altrettanto avviene nei regni delle anime. Anche nelle sfere di purificazione, nelle sfere dell'aldilà, ci sono i livelli di istruzione della via che conduce a Dio.

Ogni anima può scegliere se accettare o rifiutare gli insegnamenti.

Se un'anima desidera imparare a vivere sempre più nello Spirito di Dio, per uscire dall'angustia del suo stato di coscienza, questo suo desiderio viene immediatamente esaudito dagli angeli istruttori, chiamati anche esseri istruttori. I messaggeri di Dio sono sempre pronti a servire e aiutare i loro fratelli e sorelle in veste di anima. Tuttavia, dato che viene sempre rispettato il libero arbitrio, i messaggeri di Dio attendono fino a quando le anime dei loro fratelli e sorelle chiedono di cuore di essere aiutati e assistiti. Se la richiesta non è seria, non verrà dato aiuto. Questa è la Legge della libertà assoluta. Gli esseri di luce si avvicinano agli uomini, e anche alle anime nell'aldilà, solo se gli uomini o le anime lo desiderano.

Con il decesso del corpo, un'anima non diventa saggia o stolta, nemmeno più ottenebrata o più luminosa. L'anima irradia anche nell'aldilà quello che l'essere umano ha immesso nel microcosmo. Quindi, si può dire che come l'albero viene abbattuto, così rimane al suolo. La vita continua. Come trasmetto, così ricevo, anche nell'aldilà; tuttavia, nell'aldilà è molto più difficile, più doloroso, più lungo e difficoltoso liberarsi dalle colpe di cui ci siamo caricati.

Ogni essere spirituale ha un nome celeste eterno, che è in assoluta unità con l'eterna Legge radiosa, con Dio.

Anche ogni persona ha un nome. Alla nascita del bambino, il nome, soprattutto il nome di battesimo, corrisponde allo stato di coscienza dell'anima. Il nome dell'anima si trasforma in base all'evoluzione dell'anima nell'essere umano. Il nome dato all'essere umano alla nascita resta tale, ma non il nome di coscienza dell'anima, che equivale allo stato di coscienza.

L'anima quindi cambia i suoi nomi in base al suo stato di coscienza. L'irradiazione dell'anima è il nome dell'anima che, a sua volta, è memorizzato nel computer causale. L'anima viene chiamata con questo suo nome temporaneo.

L'anima conosce il suo nome di coscienza temporaneo con il quale è stata e viene chiamata, sia quando di notte – mentre il corpo terreno dorme – va nelle sfere corrispondenti al suo stato di coscienza, sia quando è priva del corpo, dopo la morte fisica. Essa viene chiamata con il suo nome di coscienza del momento da elevati esseri di luce, da anime luminose o da anime oscure: dal suo stato di coscienza dipende in quale compagnia si ritroverà.

Quando l'anima va di nuovo a incarnarsi, irradia il suo nome di coscienza attraverso l'involucro fisico. Il nome di coscienza che si irradia va a toccare il mondo delle sensazioni della madre o del padre o di entrambi. In loro poi prende forma il nome del loro figlio terreno. L'essere umano porterà questo nome in questo mondo, su questa Terra. Quindi, non esiste il caso neanche nella scelta del nome.

Se l'anima cade, a causa del peccato, il nome dell'anima si trasforma. Se l'anima si evolve, i nomi diventano più spirituali, più fini e celesti. Quando l'anima sarà ridivenuta perfetta, ovvero quando sarà di nuovo l'essere spirituale puro, porterà nuovamente il suo nome dei Cieli, che corrisponde al suo essere completo che vive in Dio.

In tutto quello che è stato descritto ed esposto in questo libro, viene spiegato che l'essere umano si trova nella scuola di vita terrena per evolversi di nuovo verso Colui che ha creato l'essere spirituale puro, verso Dio, il Padre di tutti noi.

Quindi, ognuno di noi ha il compito di riconoscersi nell'esistenza terrena, di nobilitare la propria vita su questa Terra, adempiendo le Leggi divine, per evolversi verso sfere più luminose e fini. L'anima quindi ha il compito di evolversi per uscire dalla ruota della rinascita, accettando e vivendo di nuovo la Legge di Dio. L'eterna Legge Assoluta è la meta di vita dell'anima ed è l'esistenza dell'essere spirituale.

Così come ogni persona registra e accoglie in sé il mondo in modo diverso, altrettanto diverse sono le colpe che gravano su ogni anima. Per questo non si può dire, in modo generico, per quanto tempo un'anima si soffermerà nella ruota della rinascita, prima di infilarsi in un nuovo corpo terreno. Tuttavia, dall'esplosione demografica in atto oggi, riconosciamo che in passato le fasi di incarnazione delle anime erano più lunghe. Le fasi tra la morte e la reincarnazione si stanno abbreviando sempre di più. Lo si vede dal continuo aumento della popolazione della Terra. Sono sempre più numerose le anime che si sentono spinte a incarnarsi, poiché presagiscono l'imminente conclusione di questa possibilità che viene loro concessa.

Le anime gravemente incolpate potranno incarnarsi sulla Terra ancora solo per un breve periodo. Poi, verrà a mancare il magnetismo a loro necessario, perché la Terra si sta affinando. Non potranno più incarnarsi, perché sulla Terra si incarneranno solo anime luminose; significa che la Terra porterà, nella sua sostanza, persone dall'irradiazione più fine che, a loro volta, attireranno solo anime più luminose.

L'umanità vive in una grandiosa svolta dei tempi, in un'epoca di sconvolgimenti come mai è esistita. Le persone spirituali, che vivono ideali e valori più elevati, riconoscono che il materialismo sta crollando e la materia, la sostanza raddensata, si sta trasformando sempre di più per essere assimilata da forze e forme superiori.

Proprio in questa grandiosa epoca di trasformazioni ancora in atto, lo Spirito eterno, Dio, il Padre di tutti noi, dona ancora una volta la Sua grazia ai Suoi figli che vivono come anime, in modo che possano sistemare i loro peccati sulla Terra, come esseri umani, nel corso degli anni terreni: questo non sarebbe possibile in così breve tempo nell'aldilà.

La Forza Primordiale, dunque, si sta irradiando più intensamente nelle sfere di purificazione, mettendo in movimento più rapidamente la ruota della rinascita. Questa azione intensificata della ruota della rinascita, del computer causale, stimola le anime ad andare sulla Terra in veste umana, per sistemare nella scuola terrena, in breve tempo – come già spiegato – ciò che non è possibile nei regni delle anime, poiché i mondi di sostanza non del tutto sottile hanno frequenze, quindi lunghezze d'onda, più lunghe. Come conseguenza dell'irradiazione intensificata della Forza Primordiale, le fasi tra la morte e la reincarnazione diventano più brevi. Le anime vengono e vanno, si infilano e si sfilano la veste di carne; così la Terra è come una specie di stazione di passaggio per mendicanti e re, per tutte le anime incolpate.

Sulla Terra, le persone si incontrano per sistemare insieme quello che uno dei due ha inflitto all'altro o che entrambi hanno provocato insieme. Lo stesso principio vale anche nei regni delle anime, però avviene nel corso di fasi lunghissime. Anche lì le anime vengono guidate in modo che si incontrino per sistemare insieme quello che hanno provocato sulla Terra, quando erano in veste umana. Se l'anima nell'aldilà o l'anima nell'aldiquà, in veste umana, riconosce e sistema quello che le viene mostrato sotto forma di immagini o avvenimenti ed eventi, dipende unicamente dalla decisione, dal libero arbitrio di ogni anima e di ogni persona. Né l'anima né l'essere umano vengono costretti a sistemare quello che dovrebbe essere sciolto.

Nel regno delle anime – e anche quando l'anima si trova in un corpo fisico, ovvero è incarnata – una colpa può restare latente per molto tempo, finchè non viene stimolata dal computer causale; questa colpa poi si manifesta con forza in immagini nell'anima o sotto forma di sofferenza e malattia nell'uomo e sull'uomo. L'anima deve poi sopportare, nel proprio corpo dell'anima, quello che ha provocato quando era un essere umano, oppure, se è incarnata, lo subisce invece sul corpo terreno.

È possibile che una o varie cause, ovvero peccati, vengano continuamente riportati o addirittura intensificati dall'anima in veste umana nel corso di parecchie incarnazioni, nonostante le provochino sofferenze e malattie. Tutto continuerà fino a quando l'uomo non sarà disposto a pentirsi dei suoi peccati, a perdonare il suo prossimo, a chiedergli perdono e a non ripetere più i peccati che ha riconosciuto.

Questo principio vale anche per l'anima nelle sfere di purificazione. Prima che nel corpo dell'anima si manifestino come effetti le sofferenze e le pene, quello che ha causato in veste umana, le vengono date molte indicazioni e molte possibilità per riconoscersi. Anche all'anima vengono dati impulsi ammonitori, ma questi contengono già l'immagine dell'azione compiuta in passato, che ora comincia poco alla volta a provocare dolore. Interiormente, nel suo stesso corpo, l'anima percepisce la sofferenza che ha provocato al suo prossimo. Se anche l'anima del suo prossimo si trova nelle sfere di purificazione, esse si incontreranno per sistemare queste cose; se l'altra anima invece si trova in veste terrena, l'anima nelle sfere di purificazione deve subire pienamente la sofferenza, a meno che l'essere umano l'abbia già perdonata, perché adempie le eterne Leggi. Nonostante il perdono, l'anima dovrà ugualmente maturare in quelle sfere, riconoscendo se stessa, per sperimentare tali e simili aspetti costituiscono un peccato.

Chi non vuole ascoltare mentre è in veste umana dovrà provare su se stesso, ovvero subire come sofferenza quello che ha provocato, come anima o come essere umano. Per questo motivo, ogni persona è responsabile per le proprie azioni e per quello che percepisce, pensa, dice e fa. Subisce quindi, quello che ha seminato. Nessuno può imporre ad altri il proprio frutto. Ognuno lo sopporta per sé. Molte persone, tuttavia, forse sopportano anche i frutti di altri, perché vi hanno contribuito. In questo caso, si tratta di un karma di famiglia o di gruppo.

Il bambino nella culla, quindi, porta già in sé il periodo di vita e il periodo di morte. Porta anche già con sé il compito di utilizzare il periodo di vita e di prepararsi all'aldilà, alle sfere più elevate e luminose, in modo che, al termine dell'esistenza terrena, l'anima possa entrare nei Cieli eterni come essere puro proveniente da Dio, che è l'immagine dell'Eterno.

Nel periodo di morte, la persona desta che anela a Dio sperimenta come l'anima si ritira poco alla volta stimolandola a interiorizzarsi ulteriormente. Sperimenta, quindi, il passaggio graduale dell'anima in mondi più elevati e luminosi. Quando sarà giunta l'ora del decesso, l'anima continuerà a vivere consapevolmente e la sua capacità di percezione non sarà offuscata. Accompagnata da esseri di Luce, seguirà la via che spesso aveva già percorso di notte, mentre il corpo dormiva: la via verso sfere più elevate.

A volte, sentiamo dire che una persona ha fatto una "bella morte". Dicendo questo, intendiamo esprimere che non se n'è accorto, che è morto improvvisamente. Chi era questa persona? Considerava forse la materia come unico metro di misura di ogni cosa? Se è così, dopo la morte del corpo, la sua anima continuerà a vegetare in modo inconsapevole, senza rendersi conto di aver deposto il suo corpo terreno. Questa ignoranza è la limitatezza che la rende legata alla Terra. Come fosse in un sogno, si muoverà poi nella famiglia, nella cerchia degli amici, nella vita di ogni giorno, che aveva condotto fino a quel momento. Come in un sogno, continuerà a fare le stesse cose che aveva sempre fatto quand'era un essere umano, senza accorgersi per molto tempo di non avere più un corpo terreno.

Un'anima legata alla Terra è un'anima che, quando era in veste umana, ha trascurato sulla Terra la scuola della Vita Interiore a causa dei suoi legami, per esempio perché era fissata su persone, proprietà e ricchezze. Dopo la morte del corpo fisico, essa rimane attaccata alla materia, fissata sull'aldiquà, sugli interessi che avevano costituito il contenuto della sua vita come essere umano. Le sue tendenze si rivolgono di nuovo verso le persone e le cose alle quali si era legata come essere umano, che erano la sua gioia e la sua salvezza nel corpo terreno.

Può passare molto tempo prima che una tale anima si renda conto che i suoi simili di un tempo non le prestano più attenzione. Si sente poi presa dal panico, improvvisamente sente la sua incapacità di agire. Spinta dalle sue passioni, come anima si avvicina a una persona che ha una struttura simile alla sua, ai suoi desideri e alle sue aspirazioni; se riesce a influenzarla o possederla, eseguirà poi attraverso di essa quello a cui aspirava quando era in veste umana. Una persona può essere, quindi, attorniata o posseduta da anime, perché nutre vizi e desideri analoghi a quelli dell'anima che le si è avvicinata.

Le persone che vivono molto nel passato o nel futuro, che rimuginano parecchio, che si preoccupano, che si abbandonano a desideri e fantasie, sono spesso "fuori di sé"; significa che non vivono nel presente e non vivono nemmeno in modo consapevole. Così l'essere umano apre automaticamente a queste anime la porta della propria casa, il proprio corpo.

Un altro motivo per cui un'anima può essere legata alla Terra, può essere dovuto al fatto che i parenti che ha lasciato si compiangano e si lamentino per la perdita del defunto. Così facendo, attirano l'anima del defunto, che continua poi a vivere nella famiglia per consolare coloro che lo compiangono. Coloro che si disperano possono quindi legare a sé un'anima gravemente incolpata.

Anche le persone che hanno molte conoscenze spirituali, che si limitano a conoscere le Leggi divine e non le hanno realizzate, peccano contro lo Spirito Santo e peccano quindi in malafede. Questo significa che le anime di tali persone sono legate alla Terra e restano pertanto vicine alla Terra.

È per questo che siamo qui

Noi esseri umani, quindi, siamo sulla Terra per imparare, nella scuola di vita, quello di cui abbiamo bisogno sia nell'aldiquà sia nell'aldilà: la realizzazione delle Leggi divine.

Siamo sulla Terra, nella scuola di vita, per prepararci ad andare nell'aldilà, in modo che, al nostro decesso fisico, possiamo essere accolti da esseri di luce che ci conducono in sfere più luminose.

Siamo quindi nella scuola di vita terrena per riconoscere e sistemare, in questa incarnazione, quello che vogliono dirci le giornate, le ore, i minuti, i secondi, anzi, perfino gli attimi.

Siamo nella scuola di vita terrena per perdonare il nostro prossimo, con il quale siamo forse in dissidio, per chiedergli perdono e non rifare più quello che ha provocato i litigi.

Siamo nella scuola di vita terrena per riparare a quanto non abbiamo compiuto nelle incarnazioni precedenti e per sistemare quello di cui ci siamo caricati in questa esistenza terrena.

Siamo nella scuola di vita terrena per accettare le nostre sofferenze e malattie e, accettandole, riconoscere ciò che ha provocato la sofferenza e la malattia, per poi poterlo eliminare.

Ricordiamoci che nella malattia si trova anche la chiave della salute. La porta verso la salute si aprirà solo quando avremo eliminato le cause che abbiamo riconosciuto e che hanno provocato la malattia. I soli medicinali non sistemano il nostro comportamento errato. Possono portare sollievo al corpo, ma la guarigione globale avviene attraverso l'anima.

Nella scuola di vita terrena dovremmo sperimentare le Leggi divine, accettarle e realizzarle, per liberarci da tutto quello che abbiamo portato con noi in questa vita dalle incarnazioni precedenti, e anche per liberarci dalle cause che abbiamo seminato in questa incarnazione.

Chi supera la scuola di vita terrena adempirà anche le Leggi divine e, così facendo, dà già nell'aldiquà un indirizzo luminoso e sereno alla sua vita nell'aldilà.

La via dell'anima conduce nella Luce eterna, tramite il Cristo. Chi accetta e accoglie il Cristo adempirà le Leggi dell'Amore e della Sapienza e maturerà, liberandosi dalla ruota della rinascita.

Siamo quindi sulla Terra per ridivenire divini. Sfruttiamo il tempo!

Dio, nostro eterno Padre, del Quale noi tutti siamo i figli, ci ha inviato Suo Figlio, che è diventato nostro Redentore, il Cristo. Egli è la Via, la Verità e la Vita. Nessuno viene al Padre se non per mezzo di Lui, del Cristo.

Chi si rivolge al Cristo, adempiendo i Dieci Comandamenti, che sono estratti dell'eterna

Legge, chi orienta la propria vita sul Discorso della Montagna e si impegna nell'altruismo, vivrà sempre più in Cristo e risorgerà attraverso di Lui per sfociare nella corrente di Dio, per vivere come figlio in Dio, nostro Padre, e per contemplarLo volto a volto.

A tutti i lettori e le lettrici di questo libro auguro di risorgere in Cristo, già in veste terrena.

Pace

Leggete anche:

Questa è la Mia parola
Alfa e Omega
Il Vangelo di Gesù

La rivelazione del Cristo
conosciuta oggi dai veri cristiani
in tutto il mondo

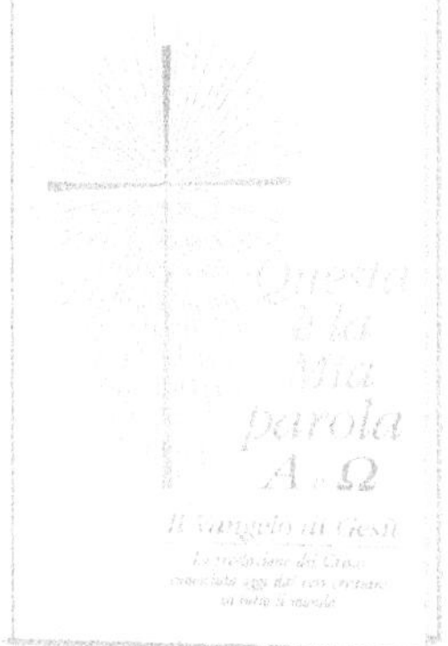

Chi era veramente Gesù di Nazareth? Come visse e che cosa insegnò? Cosa c'è di vero in quanto ci è stato tramandato su di Lui? Che significato ha la vita di Gesù? Questa grandiosa rivelazione del Cristo va oltre il contenuto della Bibbia e dà una visione globale di ciò che avvenne in passato, del presente e di quello che accadrà in futuro.

Alcuni temi trattati: Infanzia e giovinezza di Gesù • La falsificazione degli insegnamenti di Gesù di Nazareth nei trascorsi 2000 anni • Senso e scopo della vita sulla Terra • La legge di causa ed effetto • Presupposti per la guarigione del corpo • Il Discorso della Montagna • Dio non castiga • L'insegnamento della "dannazione eterna" è uno scherno nei confronti di Dio • Gesù amava gli animali e si impegnò sempre per loro • In merito alla morte, alla reincarnazione e alla vita • Il vero significato della redenzione operata dal Cristo ... e molto altro ancora.

Edizione cartonata con l'autobiografia di Gabriele e un CD con un messaggio dall'Universo, pagg. 1064., Nr. S007, Euro19,00

Edizione tascabile (senza CD), pagg. 1064, Nr. S007T, Euro 9,50

L'anima nel suo cammino verso la perfezione

Tramite Gabriele, la profetessa e messaggera di Dio nella nostra epoca, il Cristo-Dio descrive in modo dettagliato il cammino evolutivo dell'anima: i livelli di evoluzione – Ordine, Volontà, Sapienza, Serietà, Pazienza, Amore e Misericordia – che ognuno dovrà attivare dentro di sé, sulla Terra o nei mondi dell'aldilà, dove l'anima continua il suo cammino. Un libro con descrizioni uniche sulla vita dell'anima nei mondi di sostanza sottile.

Pagg. 112, Nr. S 209, Euro 14,00

Reincarnazione

Un dono di grazia della vita.
Il viaggio della mia anima:
dov'è diretta?

Un libro che risponde in modo esauriente alle domande sullo scopo dell'esistenza dell'uomo e sulla vita nell'aldilà e spiega le conseguenze del fatto che non sia stata diffusa la conoscenza della reincarnazione, che è un insegnamento del Cristianesimo Originario.

Pagg. 96, Nr. S 380, Euro 12,00
Disponibile anche come e-book

Richiedete il catalogo con tutti i libri, CD e DVD
e gli estratti gratuiti da libri su vari temi

Edizioni Gabriele – La Parola APS
Tel. 011 191 156 77
e-mail: mail@Edizioni-Gabriele.com

www.Edizioni-Gabriele.com